「言いたいこと」が、
すぐに見つかる・
きちんと伝わる

相手に伝わる

# ビジネスメール「正しい」表現辞典

**株式会社クレスコパートナーズ**

ナツメ社

## はじめに

　ビジネスのコミュニケーションツールとして重要な役割を担う仕事上でのメール。しかしながら、多くの方は「メールのマナー」や「効率的なメールの書き方」などにお悩みではないでしょうか。

　最近のビジネスメールはフォーマルな場面からカジュアルな場面まで幅広く使われています。好感度が高く、仕事のできる人は、状況や、相手との関係に合わせた言葉の表現や敬語の高め方、崩し方をよく心得ています。

　場面に合わせた言葉の表現の引き出しを多く持つことがビジネスで差をつける秘訣と言えます。

　現代のビジネスでは顔を合わせてのコミュニケーションが減ってきていますが、メールに書かれたあなたの気遣いのひと言が相手との関係を深めるきっかけにもなります。しかも、メールは、記録に残りますので慎重に言葉を選ぶ必要があります。

　そこで役立てていただきたいのが本書です。場面設定やフォーマル度に合わせた言葉の使い分けがすぐにわかるようになっています。

　メールを書く時間を節約し仕事を効率化するため、そして気遣いある人柄を相手に伝える手助けになれば幸いです。

　　　　　　　　　　　株式会社　クレスコパートナーズ

# CONTENTS

はじめに ........................................... 3
この本の使い方 ..................................... 16

## Part 1 ビジネスメールの基本ルール

### 基本ルール 1 ビジネスメールの適切な使い方 ......... 20
メリットとデメリットを把握し、活用しよう ......... 20
コミュニケーションツールの上手な使い分け ......... 21

### 基本ルール 2 ビジネスメールの基本構成 ............ 22
基本構成をマスターし、臨機応変に使いこなす ....... 22

### 基本ルール 3 メールの表書き、「ヘッダー」を正しく使う ... 24
宛先の表示と差出人名を確認 ....................... 24
CC、BCC の使い方（メールの共有） ................. 25
一目で内容がわかる件名をつけよう ................. 26
見逃されたくないメールは【カッコ】で目立たせる ... 26
「Re:」は「返答」、「Fw:」は「転送」 ............... 27
返信する際、件名は変えない ....................... 27

### 基本ルール 4 本文の構成と書き方のコツ ............ 28
宛名は「会社名、名前＋敬称」を毎回入れる ......... 28
「書き出し」でお付き合いのお礼を ................. 29
最近の出来事への感謝やお詫びを忘れずに ........... 29
本題は1メール1件。簡潔にわかりやすく ........... 30

　締めくくりの「結び」のあいさつを忘れずに ……………………… 31
　本題と別の話は「追記」、気遣いは「追伸」で ………………… 31
　署名は名刺代わり。過不足なくシンプルに ……………………… 32
　「引用」を使った返信のポイント …………………………………… 33

### 基本ルール ⑤ メール作成のポイント …………………………………… 34
　スッキリとしたレイアウトにする ……………………………………… 34
　目的を明確にし、5W3H を意識して書く ………………………… 35

### 基本ルール ⑥ 送信前の見直しポイント ……………………………… 36
　メールを見直してトラブルを防止 ……………………………………… 36
　添付書類についての注意点 …………………………………………… 36

## Part 2　書き出し

初めまして［自己紹介］………………………………………………… 40
毎度どうも［あいさつ］………………………………………………… 41
久しぶりです［あいさつ］……………………………………………… 42
元気ですか［あいさつ］………………………………………………… 43
確認しました［連絡へのお礼、返信］………………………………… 44
〜の件です［メールの用件］…………………………………………… 45

## Part 3 　本題

### ● お礼

ありがとう ［お礼のことば］ ……………………… 48
　　　　　［最上のお礼］ ……………………………… 50
感謝しています ［感謝を表す］ ……………………… 51
恐れ入ります ［恐縮を表すことば］ ………………… 53
もったいないです ［恐縮を表すことば］ …………… 54
ありがたい ［謝意の表現］ …………………………… 55
恩は忘れません ［謝意の表現］ ……………………… 56
おかげさまで ［感謝の対象］ ………………………… 57

### ● お詫び

ごめんなさい ［お詫びのことば］ …………………… 58
　　　　　［謝罪のことば］ …………………………… 60
　　　　　［ミスを認める］ …………………………… 62
心配をかけました ［お詫びの理由］ ………………… 63
失態を演じて ［お詫びの理由］ ……………………… 64
私の力不足で ［お詫びの理由］ ……………………… 65
不注意で ［お詫びの理由］ …………………………… 66
反省しています ［反省の表現］ ……………………… 67
許してください ［許しを請う］ ……………………… 69
二度としません ［お詫びと決意］ …………………… 70

埋め合わせします ［今後の対応］ …… 71
クッションことば 〔お詫び〕 …… 72

● 回答・説明

お答えします ［返答のことば］ …… 74
以下のとおりです ［返答のことば］ …… 76
説明します ［切り出しのことば］ …… 77
　　　　　　［原因の説明］ …… 78
　　　　　　［経緯の説明］ …… 79
　　　　　　［添えることば］ …… 80
割り切れません ［反意のことば］ …… 81
実を言うと ［状況説明］ …… 82
誤解です ［弁明の理由］ …… 83
クッションことば 〔回答・説明〕 …… 84

● お願い

お願いします ［依頼のことば］ …… 86
　　　　　　［お願いの強調］ …… 91
　　　　　　［理解を求める］ …… 92
　　　　　　［依頼の理由］ …… 93
ご検討ください ［検討を促す］ …… 94
クッションことば 〔お願い〕 …… 95

## ● 了解

わかりました [了解のことば] ……………………………… 100

[承諾のことば] ……………………………… 102

了解しました [了解のことば] ……………………………… 103

やります [承諾に添えることば] ……………………………… 104

[承諾のことば] ……………………………… 106

満足です [理解・納得の表現] ……………………………… 108

## ● 催促

どうしましたか [状況うかがい] ……………………………… 110

困っています [当方の状況] ……………………………… 112

返事を待っています [連絡・対応の催促] ……………………………… 114

期日が過ぎました [連絡・対応の催促] ……………………………… 116

[催促の前置き] ……………………………… 118

## ● 抗議

抗議します [状況説明] ……………………………… 120

[不服の表明] ……………………………… 121

対処してください ［対処を求める］ 122
 ［対処法を示す］ 123
注意してください ［注意を促す］ 124
訴えます ［出かたを見る］ 125
 ［最後通告］ 126
クッションことば 〔抗議〕 128

● お断り

お断りします ［断りのことば］ 130
 ［辞退のことば］ 134
 ［不要を伝える］ 137
クッションことば 〔お断り〕 138

## 確認・問い合わせ

教えてください ［問い合わせ］ ……………………………… 142

確認です ［確認を依頼］ ………………………………………… 144

　　　　　［認識の共有］ ………………………………………… 146

　　　　　［状況の問い合わせ］ ………………………………… 147

クッションことば〔確認・問い合わせ〕 ………………… 148

## 送付・受領

送りました ［送付のことば］ …………………………………… 150

　　　　　　［受け取り確認を促す］ …………………………… 151

　　　　　　［贈答品を贈る］ ……………………………………… 153

　　　　　　［目通しの依頼］ ……………………………………… 154

　　　　　　［確認依頼のことば］ ………………………………… 155

受け取りました ［受領のことば］ ……………………………… 156

## 案内

お知らせです ［開催の案内］ …………………………………… 160

来てください ［参加への呼びかけ］ …………………………… 162

　　　　　　　［招待の理由］ ……………………………………… 163

　　　　　　　［添えることば］ …………………………………… 164

## CONTENTS

### ● 決意・反省

がんばります ［決意のことば］ …………………………… 166

決意しました ［決意のことば］ …………………………… 168

努めます ［決意のことば］ ………………………………… 169

ご期待に添うよう ［添えることば］ ……………………… 170

お役に立てるよう ［添えることば］ ……………………… 171

二度と起こしません ［改善への決意］ …………………… 172

改善します ［改善への決意］ ……………………………… 173

### ● 感心・称賛

さすがです ［褒める］ ……………………………………… 174

［感動を伝える］ ……………………………… 175

［好評を伝える］ ……………………………… 177

［謝意を込めた表現］ ………………………… 178

### ● お祝い

おめでとう ［お祝い］ ……………………………………… 182

［周囲へも配慮］ ……………………………… 183

がんばって ［激励］ ………………………………………… 184

### ● お見舞い

大丈夫ですか ［お見舞いのことば］ ……………………… 186

［安否をたずねる］ …………………………… 187

驚いています ［驚きの表現］ ..... 188
ことばがありません ［同情の表現］ ..... 189
回復を祈ります ［回復を祈る］ ..... 190
復旧を祈ります ［復旧を祈る］ ..... 191

● **採用・不採用**

選考の結果 ［選考の根拠］ ..... 192
採用します ［採用の通知］ ..... 193
不採用です ［不採用の連絡］ ..... 194
残念です ［不採用へのお詫び］ ..... 195

● **異動・移転**

異動しました ［異動の報告］ ..... 196
任されました ［選出の報告］ ..... 197
着任しました ［着任の報告］ ..... 198
　　　　　　［担当交替の報告］ ..... 199
移転しました ［移転の報告］ ..... 200
　　　　　　［PRポイント］ ..... 201

● **退職・転職**

退職・転職しました ［退職の報告］ ..... 202
　　　　　　　　　［謝意・予定］ ..... 203

CONTENTS

● 独立・開業

独立・開業しました [開業の報告] ……………………………… 204
　　　　　　　　　 [感謝・決意] ……………………………… 205

● 閉店・廃業

閉店・廃業しました [あいさつ] ………………………………… 206
　　　　　　　　　 [閉店・廃業の理由] …………………… 207

# Part 4 社内メール

お疲れ様です [あいさつ] ………………………………………… 210
お世話になりました [お礼のことば] …………………………… 211
　　　　　　　　　　[お礼の対象] ……………………………… 212
やります [意欲を伝える] ………………………………………… 213
わかりません [否定の表現] ……………………………………… 214
がんばりました [ねぎらい（上司から部下へ）] ……………… 215
報告します [報告のしかた] ……………………………………… 216
相談したいです [相談を打診] …………………………………… 217
お知らせです [案内・通知] ……………………………………… 218

## Part 5 結び

よろしくお願いします [結びのあいさつ] ····· 220
まずはご連絡まで [まとめのあいさつ] ····· 222
　　　　　　　　　[添えることば] ····· 223
返事をください [返事の依頼] ····· 224
お体大切に [いたわりのことば] ····· 226

## Part 6 使えることばのヒント集

### ヒント① ビジネス敬語のヒント ····· 228
敬語は大きく分けて３種類 ····· 228
尊敬語と謙譲語は、相手との関係で使い分け ····· 228
ビジネス敬語のフォーマル度 ····· 229
　◀覚えたい▶　よく使われる動詞の敬語形 ····· 230
　◀覚えたい▶　人、団体、物事を指す敬語の使い分け一覧 ····· 231
ビジネス特有の言い回し ····· 232
　◀覚えたい▶　ビジネス特有の言い回し ····· 232
　◀覚えたい▶　ビジネス特有のことば ····· 233
「お」と「ご」の使い分け ····· 234
二重敬語に気を付ける ····· 235
「～させていただく」の使い方を見直そう ····· 235

## CONTENTS

**ヒント❷ 読みやすいメール文章作成のヒント** 236
文章は短く、つなぎことばを活用 236
ひらがなと漢字のバランスは7:3 237

**ヒント❸ 知っ得　季節のあいさつ** 238

**ヒント❹ 使える　ビジネスメールのあいさつ文** 240

**ヒント❺ 使える　ビジネス用語** 244

### コラム

| | |
|---|---|
| パソコンから携帯電話に送るときのポイント | 38 |
| 携帯電話からパソコンに送るときのポイント | 46 |
| 物言いをソフトにするクッションことば | 73 |
| ビジネスにふさわしい敬語をマスターする | 109 |
| 返信の催促は「届いていますか？」の確認から | 119 |
| 誤解を招くあいまいな表現はやめよう | 129 |
| 返信の「うっかり忘れ」を防ぐ | 149 |
| 送信・受信の確認は的確、迅速に | 159 |
| 「ご苦労様」と「お疲れ様」。失礼にならないのは？ | 179 |
| 冠婚葬祭のメールでは「忌みことば」に注意 | 208 |

さくいん 248

# この本の使い方

本書は、Part 1 のビジネスメールの基本ルール、Part 2 ～ Part 5 の最適な言い回しがすぐに選べるフレーズ集、Part 6 の使えることばのヒント集と大きく分けて 3 つで構成されています。

Part **1** ビジネスメールの基本ルール→ P19
ビジネスメールの構成に合わせたメール作成のルールをご紹介

Part **2** 書き出し→ P39
相手へのあいさつや日ごろの感謝を伝えるフレーズ集

Part **3** 本題→ P47
メールの本題、中心となる内容を伝えるフレーズ集

Part **4** 社内メール→ P209
主に社内でやりとりするメールのフレーズ集

Part **5** 結び→ P219
ビジネスメールの最後を締めくくることばのフレーズ集

Part **6** 使えることばのヒント集→ P227
敬語の基本やビジネス特有のことば、季節のあいさつなどビジネスに役立つことばのヒント集
（使い方→ P18）

●ビジネスメールの基本構成

```
メッセージの作成
宛先  田中太郎様 tanaka@kaisha.com
CC
件名  ご依頼の資料送付の件
```

△△△△株式会社　営業部
部長　田中太郎　様

いつもお世話になっております。
□□株式会社の佐藤みどりでございます。

先日は弊社の商品についてお問い合せくださりありがとうございました。

さっそくですが、
ご希望の資料が一式そろいましたので
本日、宅配便で発送いたしました。

お手元に届きましたら、
お手数ですがメールでご一報いただければ幸いです。

今度ともどうぞよろしくお願いいたします。

～～～～～～～～～～～～～～～～～～～
□□株式会社
広報部　佐藤みどり
住所：東京都中央区銀座 9-9
電話：099-9999-999
FAX：099-9999-9999
メール：midorisato@kaisha.or.jp

## Part 2 〜 Part 5

# 相手や状況に合わせたフォーマル度のフレーズが選べる！

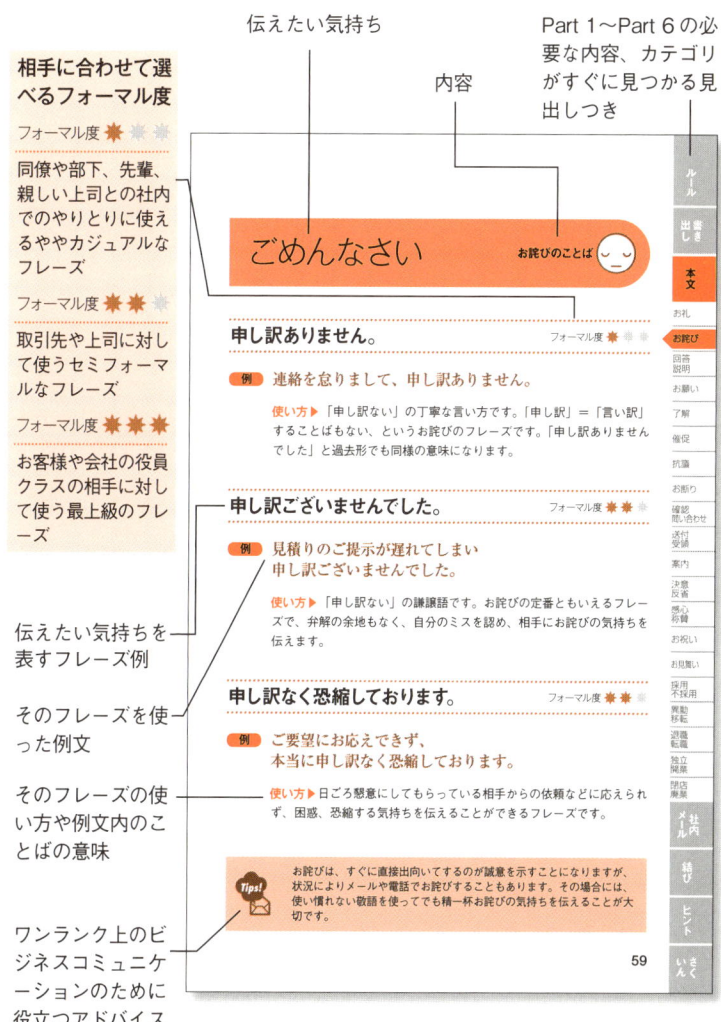

**相手に合わせて選べるフォーマル度**

フォーマル度 ✹ ✦ ✦
同僚や部下、先輩、親しい上司との社内でのやりとりに使えるややカジュアルなフレーズ

フォーマル度 ✹ ✹ ✦
取引先や上司に対して使うセミフォーマルなフレーズ

フォーマル度 ✹ ✹ ✹
お客様や会社の役員クラスの相手に対して使う最上級のフレーズ

伝えたい気持ちを表すフレーズ例

そのフレーズを使った例文

そのフレーズの使い方や例文内のことばの意味

ワンランク上のビジネスコミュニケーションのために役立つアドバイス

伝えたい気持ち

内容

Part 1〜Part 6 の必要な内容、カテゴリがすぐに見つかる見出しつき

## Part 6 の便利な使い方

Part 6では間違えたら恥ずかしい敬語の文法解説のほか、ビジネス特有のことばや言い回しの一覧表をふんだんに掲載しました。また、読みやすいメールを書くためのヒントも盛り込みましたので、メール作成で悩んだらぜひ開いてください。

ビジネスメールに添えると温かみがプラスされる季節のあいさつや、下の「日頃のお礼など」のように組み合わせて使える書き出し、結びの例文もご利用ください。

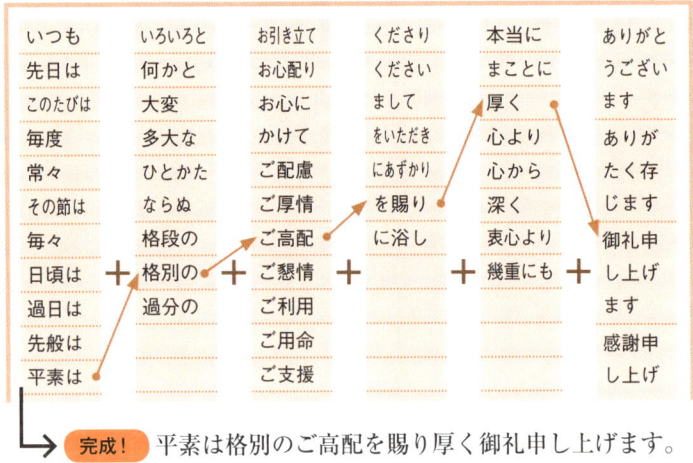

●日頃のお礼など 書き出し

完成！ 平素は格別のご高配を賜り厚く御礼申し上げます。

### ●ビジネスメールのマナーがわかる充実のコラム

「パソコンから携帯電話に送るときのポイント」や「誤解を招くあいまいな表現はやめよう」など、ビジネスコミュニケーションに役立つ内容をコラムで紹介しています。

# Part 1

# ビジネスメールの基本ルール

ビジネスシーンでやりとりするメールには、
独特のルールやマナーがあります。
「大丈夫！」と言える自信はありますか？
基本を押さえて、ビジネスに役立てましょう。

基本ルール 1

# ビジネスメールの適切な使い方

## メリットとデメリットを把握し、活用しよう

　文書の作成が手軽で資料なども添付でき、一瞬にして相手に送ることができるメールは、ビジネスのコミュニケーションツールとして欠かせないものです。いまや仕事での主なコミュニケーションツールとして電話よりも重要な位置づけにあるといえます。

　メールの手軽さ、便利さ、送信の速さは、手紙やファックス、電話にはない魅力です。しかし、物事にはメリットもあればデメリットもあります。Part 1「ビジネスメールの基本ルール」をマスターしてデメリットを防ぎ、メリットを最大限生かしてメールを利用していきましょう。

| メリット | | デメリット |
|---|---|---|
| ● メール作成が手軽。<br>● クリックひとつですぐ送れる。<br>● 書類、写真を添付して送れる。<br>● 時間を選ばずいつでも送れ、相手の時間も拘束しない。<br>● 文書を共有できる。<br>● 返信、転送が簡単。<br>● 記録として残せる。 | ⇔ | ● 誤送信、誤字脱字が起こりやすい。<br>● 失礼な印象を与えたり、冷たい印象を与えたりする。<br>● 相手が読んでくれたかわからない。<br>● 相手のリアクションがわからない。<br>● 情報の漏えいの危険がある。<br>● 送信したら取り消せない。 |

## 📧 コミュニケーションツールの上手な使い分け

●**こんなときは電話！** 至急、相手に連絡したい、すぐに返事が欲しいといった場合はやはり電話が一番。すれ違い、誤解などの間違いも少なくなります。遅刻や欠勤を会社に連絡をするのも、メールより電話が適切です。相手を電話口に呼び出すので、「今よろしいですか？」といった相手の都合への配慮を忘れずに。

●**こんなときは会って話す！** トラブルのお詫びは、電話で一報を入れてから出向き、謝罪して誠意を伝えます。記録に残したくないデリケートな話や、込み入った相談事にも対面がおすすめです。

●**こんなときは書面・直筆の手紙で！** 契約書などの正式な文書は書面、社長の交代、冠婚葬祭については印刷物にして送ります。謝罪や折り入ってのお願い事は、直筆で丁寧に書いた手紙が一番。

●**こんなときはファックスで！** 訃報（ふほう）や葬儀の案内にファックスが使われることも。また、大勢に見てほしいイベント招待の案内などは手書きの温かみが伝わるという利点もあります。

基本ルール ②
# ビジネスメールの基本構成

## 基本構成をマスターし、臨機応変に使いこなす

　ビジネス文書ほど正式な形ではありませんが、メールにもビジネスシーンでは定型とされる形があります。メールの基本構成を覚えて、情報に過不足のない、きちんとしたメールを作成できるようにしましょう。

　メールの構成は、右ページのように、大きく分けるとヘッダー部分（①〜③）とボディ（④〜⑧）とに分かれます。簡単に言えば、ヘッダーは手紙の表書き（封筒の宛名）、ボディは文書、手紙の内容となります。それぞれの役割、上手に利用するコツなどは、以下に明記したページで解説いたしますので参考にしてください。

●ビジネスメールの基本構成内容

<table>
<tr><td rowspan="3">ヘッダー</td><td>①宛先（TO）：相手のメールアドレス</td><td rowspan="3">⋯ P24</td></tr>
<tr><td>②CC・BCC：宛先以外に送るメールアドレス</td></tr>
<tr><td>③件名：メールの用件</td></tr>
</table>

<table>
<tr><td rowspan="5">ボディ</td><td>④相手の名前：相手の会社名、部署、役職、名前⋯ P28</td></tr>
<tr><td>⑤書き出し：あいさつ、名乗り⋯⋯⋯⋯⋯⋯⋯ P39〜</td></tr>
<tr><td>⑥本題：用件を簡潔に。結論は先に書く⋯⋯⋯ P47〜</td></tr>
<tr><td>⑦結び：締めくくりのあいさつ⋯⋯⋯⋯⋯⋯⋯ P219〜</td></tr>
<tr><td>⑧署名：送り手の会社名や住所など連絡先⋯⋯⋯ P32</td></tr>
</table>

●ビジネスメールの基本構成

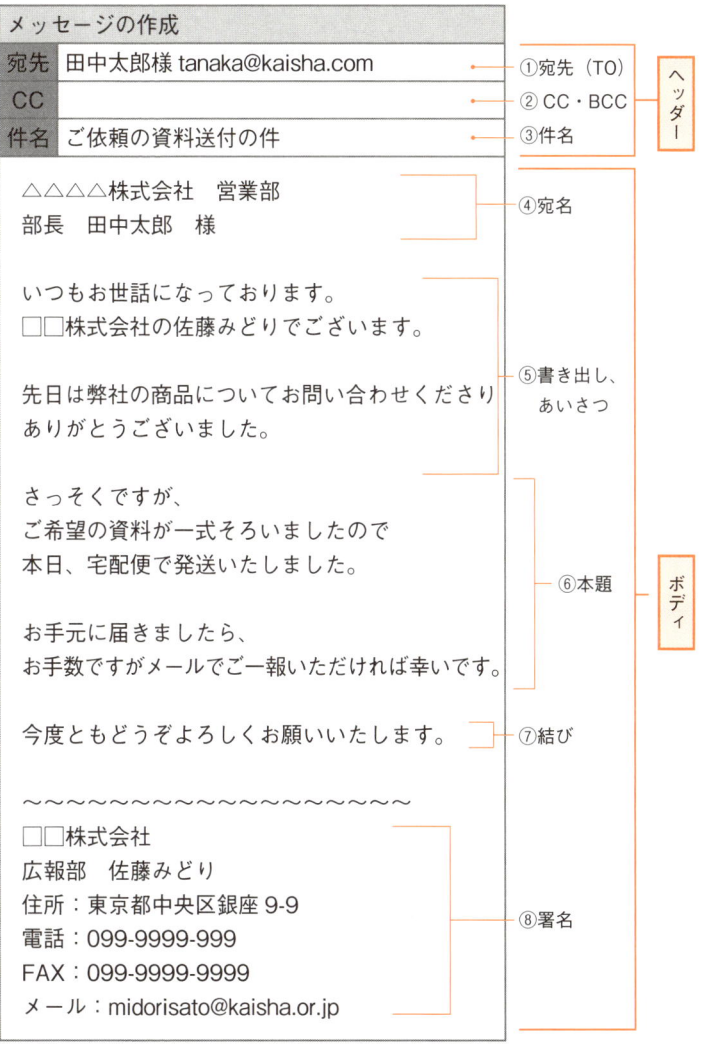

| メッセージの作成 | |
|---|---|
| 宛先 | 田中太郎様 tanaka@kaisha.com ← ①宛先（TO） |
| CC |  ← ② CC・BCC |
| 件名 | ご依頼の資料送付の件 ← ③件名 |

①宛先（TO）、② CC・BCC、③件名 … ヘッダー

△△△△株式会社　営業部
部長　田中太郎　様
　　　　　　　　　　　　　　← ④宛名

いつもお世話になっております。
□□株式会社の佐藤みどりでございます。

先日は弊社の商品についてお問い合わせくださり
ありがとうございました。
　　　　　　　　　　　　　　← ⑤書き出し、あいさつ

さっそくですが、
ご希望の資料が一式そろいましたので
本日、宅配便で発送いたしました。

お手元に届きましたら、
お手数ですがメールでご一報いただければ幸いです。
　　　　　　　　　　　　　　← ⑥本題

今度ともどうぞよろしくお願いいたします。　← ⑦結び

～～～～～～～～～～～～～～～～
□□株式会社
広報部　佐藤みどり
住所：東京都中央区銀座 9-9
電話：099-9999-999
FAX：099-9999-9999
メール：midorisato@kaisha.or.jp
　　　　　　　　　　　　　　← ⑧署名

④〜⑧ … ボディ

基本ルール ❸

# メールの表書き、「ヘッダー」を正しく使う

## 📧 宛先の表示と差出人名を確認

　メールソフトを開いて一番上にあるのが「ヘッダー」と呼ばれる部分です。ここは、手紙の表書きのような役割を担うものです。

　まずは宛先の入力を確認。ビジネスメールでは、宛先の名前に敬称をつけるのがマナーです。敬称をつけてアドレス帳に登録しておくとよいでしょう。

　また、相手が送信者を確認する「差出人名」が会社名だけであったり、ローマ字表記になったりしていませんか？　一度、メールソフトを確認し、会社名と名前を入れておきましょう。

●送信者が入力するヘッダー例

敬称をつける

| | | |
|---|---|---|
| | 宛先 | △△△△△株式会社 田中太郎様 < tanaka@kaisha.com > |
| 送信 | CC | □□株式会社 松田賢一 |
| アカウント | 件名 | ご依頼の資料送付の件 |

●相手が見るヘッダー例

差出人名

| | |
|---|---|
| 差出人： | □□株式会社 佐藤みどり< midorisato@kaisha.or.jp > |
| 日時： | 2014年6月1日　13：00 |
| 宛先： | △△△△△株式会社 田中太郎様 < tanaka@kaisha.com > |
| 件名： | ご依頼の資料送付の件 |

## ✉ CC、BCC の使い方（メールの共有）

● **CC を使う** 「CC（カーボンコピー）」は、相手（TO）に送ったのと同じメールを「CC の人にも送りました」と相手に知らせるものです。TO でも複数人へ同時送信できますが、「参考までに見ておいてほしい」相手には CC が便利。CC に入力したアドレスは全受信者に表示されるため、CC で送る相手は先方に確認するか厳選しましょう（「念のため」と安易に送るとメール数が増え、相手に負担をかけることにもなります）。また、CC メールで来たメールは、原則、送信者だけでなく「全員に返信」で返すのが基本です。

● **BCC を使う** 「BCC（ブラインド・カーボンコピー）」は、受け取った相手には BCC のアドレスは表示されないため、他に受信者がいるかはわかりません。アドレス変更の通知や新製品の告知などでは BCC が便利です。宛先は自分のアドレスにして、受信者全員のアドレスを BCC に入れます。

受信者全員にアドレスが表示される

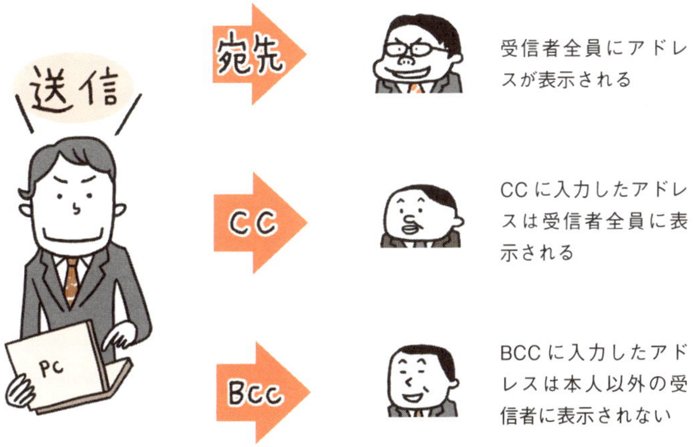

CC に入力したアドレスは受信者全員に表示される

BCC に入力したアドレスは本人以外の受信者に表示されない

## 一目で内容がわかる件名をつけよう

相手にメールをすぐ読んでもらうには、内容が一目でわかる端的な件名をつけることがポイントです。プライベートでは「こんにちは」や「田中です」など、あるいは件名を入れずにやりとりすることも少なくありませんが、ビジネスではそれは通用しません。1日に何十通も受け取ったりする場合、件名を見て「すぐに読む」「返信の必要があるかないか」を判断しますので、15字程度で的確な件名をつけるように努力しましょう。

例えば、「晴海イベント会場設計図の確認」「5月25日の打ち合わせ場所の詳細」といったように、メールの本題、用件がすぐわかるように固有名詞や具体的な数字を入れるのがコツです。

## 見逃されたくないメールは【カッコ】で目立たせる

見過ごされたくない案件や、できるかぎり早い返信が欲しいメールには、件名の頭に【重要】や【至急】などカッコでくくり、目立つように工夫する方法もあります。ただし、使いすぎると逆に優先度を下げてしまうこともあるほか、セキュリティソフトにより迷惑メールに振り分けられてしまう危険もあるので、相手に確認をしておくとよいでしょう。

また、【お知らせ】や【返信不要】などとすれば、内容や相手にどうしてほしいかを知らせることができます。

## 📧「Re:」は「返答」、「Fw:」は「転送」

もらったメールに返信をすると、件名の頭に「Re:」という文字がつきます。これは返信を意味する「Reply（リプライ）」や、反応を意味する「Response（レスポンス）」といわれています。

同じように件名の頭につくものに「Fw:」があります。これは受信したメールを他の人へ転送するときにつくもので、手紙などを転送する「Forward（フォーワード）」を意味しています。メールの転送は元の発信者の承諾を受けてから転送するのがマナーです。

## 📧返信する際、件名は変えない

返信するときは件名を変えるのがマナーだと考える人もいますが、ビジネスメールでは、もらったメールの内容に答えている場合は、件名は変えず「Re:」とするのが基本です。そのほうが整理しやすいからです。新しい案件でメールをする場合は、件名を変更して送ります。

例：（往信）5月25日の打ち合わせ場所の詳細
　　（返信）× Re：打ち合わせの件、了解しました
　　　　　　○ Re：5月25日の打ち合わせ場所の詳細
※やりとりの回数を明確にする場合は、「Re(1):」「Re(2):」を使用することもあります。

やりとりする人数が多い場合は、件名の後ろに名前を入れて返信することで、整理しやすくなる場合もあります。

例：（往信）5月25日の打ち合わせ場所の詳細
　　（返信）Re：5月25日の打ち合わせ場所の詳細（□□社 加藤）

基本ルール ❹
# 本文の構成と書き方のコツ

## 宛名は「会社名、名前＋敬称」を毎回入れる

　「宛名」は、メールを送るたびに「会社名、相手の名前＋敬称」を入れるのが基本です。株式会社などの法人格は「(株)」と省略せず、前株か後株か確認して正確に入れます。

　案内状の送付など特定の相手ではない場合は、「御中」「各位」などの敬称をつけます。会社や組織宛であれば「○○御中」、グループや社内などへの連絡であれば「○○サークル各位」「お取引先各位」「人事部の皆様」などとします。

●宛名の使い分け

フォーマル度

| 社外 | 社内 |
|---|---|
| △△△△△株式会社 営業部<br>部長　田中太郎 様 | 田中太郎 様 |
| △△△△△株式会社 営業部<br>田中太郎 様 | 田中 様 |
| △△△△△株式会社<br>田中太郎 様<br>（田中 様） | 田中さま<br>田中さん |

## 「書き出し」でお付き合いのお礼を

手紙では本題に入る前に「前文」として季節のあいさつや相手の安否をうかがう文章を入れますが、通常のメールのやりとりでは、日ごろのお付き合いのお礼を入れる程度「いつもお世話になっております」が定番です。

初めてメールを送る相手には「初めてメールを送らせていただきます」と書き、自己紹介をします（名乗り）。会社名、部署名、名前を書くと丁寧です。

## 最近の出来事への感謝やお詫びを忘れずに

書き出しのあいさつのなかで忘れてはいけないのが、最近の出来事へのお礼です。前日に打ち合わせをした相手には、「昨日は貴重なお時間をいただき、ありがとうございました」。ごちそうになった相手には「先日はごちそうさまでした」。あるいは手間をかけた相手には「ご面倒をおかけして申し訳ございませんでした」など。メールを読むのは心をもった人ですから、相手の気遣いや協力へのお礼や、こちらの非に関するお詫びを伝えましょう。

＊「書き出し」のフレーズ→ P39 〜 45、「季節のあいさつ」
　→ P238、「あいさつ文」→ P240

## 📧 本題は1メール1件。簡潔にわかりやすく

「書き出し」に続き、いよいよメールの本題に入ります。本題は1つのメールに1件が基本です。要点を押さえ、簡潔に書きます。結論を先に書き、相手に無駄な時間を使わせない配慮をします。

本題に入るときは「さて」や「さっそくですが」と入れると、「ここからが本題だ」とわかりやすくなります。構成は最初にこちらの行動（アクション）を伝え、必要があるときはその内容を箇条書きします。

次に、相手にどうしてほしいのか明記します。相手の確認をもらいたいなら「確認して返信をください」、打ち合わせしたいなら「日時のご指定をお願いします」などと書きます。

●**本題に入る**

**体裁** 基本的にすべて左そろえにし、字下げはしない。段落をつけたいときは1行以上あける。

> さっそくですが、
> ご希望の資料が一式そろいましたので
> 本日、宅配便で発送いたしました。
>
> 内容は以下のとおりです。
> 1．弊社の会社説明
> 2．新製品のカタログ
>
> お手元に届きましたら、メールでご一報いただければ幸いです。
>
> 今度ともどうぞよろしくお願いいたします。
>
> 追記：来週には新たな製品が発売されますので
> 　　　またご案内させていただきます。

**こちらのアクション**
資料を送ったこと。

**内容の詳細・補足**
伝えたいことが複数あるときは箇条書きにし、最大5つまでとする。

**相手への希望**
返信は必要か不要か、必要なら何日までにいるのか具体的に書く。

**結びのあいさつ**

**追記** 本題とは別のメッセージ。

## 📧 締めくくりの「結び」のあいさつを忘れずに

メールの本文を締めるのは「結び」のあいさつです。これは初めての相手から、社内でのやりとりの際も忘れずに入れます。一般的な結びのことばは「どうぞよろしくお願いいたします」「それではご検討のほど、よろしくお願いします」「まずはお礼まで」などです。用件のみで、結びのことばがなく終わるメールは、事務的で礼を欠いた印象を与える可能性も。

＊「結び」のフレーズ→ P219 〜 226、P241、P243

## 📧 本題と別の話は「追記」、気遣いは「追伸」で

本文を「結び」で締めたあと、本題とは別の内容の話を付け加える「追記」「追伸」というものがあります（左ページの図、一番下）。

「追記」は、例えば、本題とは話は違うけれど、同時進行している仕事のことをひと言添えたい場合などに使います。追記なので2〜3行にまとめ、それ以上になるときは新たにメールを作成したほうがよいでしょう。

追記に似た「追伸」は、手紙を書くとき、書き忘れたことを最後に書き足すものとして使われてきたものです。ただし、メールは文章の修正が簡単なので、目上の方に出すときは、追伸は使わず文章を直して出します。

メールにおける追伸の用途としては、親しい人に体を気遣うことばや、相手に役立つ情報を知らせることなどが合っているようです。相手との付き合いを一歩深めるツールと認識しておきましょう。

## 署名は名刺代わり。過不足なくシンプルに

取引先など対外的なメールの署名は、名刺と同じ内容を書いておくのが基本です。「名刺交換しているからこちらの情報は名前と電話番号くらいでいいだろう」と簡略化していませんか？　メールの署名は意外と便利に使われているものです。

- ・相手の署名の名前をコピーして宛名にする
- ・宅配便の宛名を書くときに署名の住所を見る
- ・すぐに連絡を取りたいときに電話番号を見る　など

署名欄をPRに使うことも可能です。ただし、営業や自社製品のPRが長々と書いてあったり、国内でのやりとりなのに英文の記載があったりするのは、煩雑な印象になるので見直しましょう。

社内用には、所属部署名と名前、電話番号、内線番号程度のシンプルなものを用意しましょう。

●社外向けメールの署名に載せる必須項目

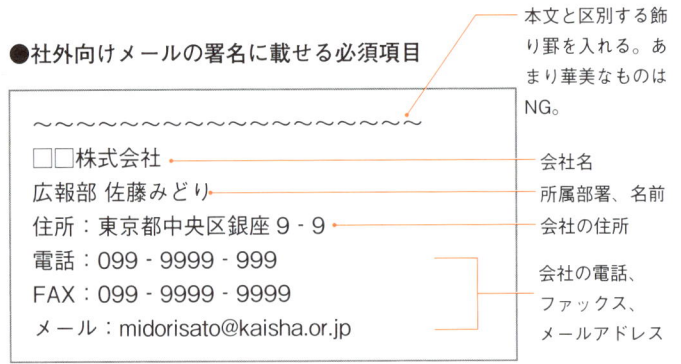

～～～～～～～～～～～～～～～～
□□株式会社 ← 会社名
広報部　佐藤みどり ← 所属部署、名前
住所：東京都中央区銀座9-9 ← 会社の住所
電話：099-9999-999
FAX：099-9999-9999
メール：midorisato@kaisha.or.jp
↑ 会社の電話、ファックス、メールアドレス

本文と区別する飾り罫を入れる。あまり華美なものはNG。

必要に応じて入れる項目
・会社のホームページやブログのアドレス
・携帯電話の電話番号
・連絡事項：夏期休暇、営業日などのスケジュールやお知らせなど

## 「引用」を使った返信のポイント

　返信の際、相手からのメールの文章を引用し、それに答える形で文章を書く「引用」という方法があります。メールの設定で「返信に元のメッセージを含める」を選択しておくと、相手の文章が返信メールに表示され、すべての文頭に「＞」マークなどがつきます。

　この「＞」のついた相手の文章の質問文をコピーして、自分の本文にコピペ（コピー＆ペースト）し、その下に答えを書くという使い方をします。相手のメールでも引用部分がわかるように表示されるため、上手に使えばとても便利です。

　ポイントは、質問の部分のみをコピペして返信に使うこと。引用があまりに多いと読みにくくなったり、要点がどこかわかりにくくなったりしてしまいます。なお、引用の際は、相手の文章は直さないのが基本です。

　また、携帯電話などのモバイル機器に返信する場合は、文章が長くなるのを避けるため引用は控えましょう。

●引用を使った返信の例

> ＞新製品のカタログを送っていただけますか。　　――引用部分
> 明日の宅配便で発送いたします。
>
> ＞貴社の商品を置いている店舗はありますか？
> 東京都内では新宿店と飯田橋店になります。
>
> 以上です。お問い合わせありがとうございました。
> 今後とも□□株式会社の製品のご愛用、
> どうぞよろしくお願いいたします。

基本ルール 5

# メール作成のポイント

## ✉ スッキリとしたレイアウトにする

　よいメールはパッと見て用件がわかり、過不足なく内容が盛り込まれているものです。すぐに読んでもらえ、すぐに返信してもらえるメールの作成術をマスターしましょう。

### ●読みやすいメール作成のポイント

1．定型に沿って書く
　　自己紹介、日ごろの感謝を伝える「書き出し」を忘れない。
2．1行30文字程度、1ブロック3〜5行に
　　1行の文字数は30文字前後にし、それより長い場合は区切りのよいところで改行する。1つの内容のブロックは3〜5行を目安にし、段落を入れたい場所に1行以上の空白を入れる。ブロックが長すぎたり、空白行が多すぎたりするのは読みにくい。
3．メリハリをつける
　　重要な部分に見出しや罫線、●などの記号、【カッコ】などをつけてパッと目に入りやすいようにする。
4．スクロールせずに読める分量にまとめる
　　長くても1スクロールでまとめる。それ以上のメールは相手に負担をかけるので、極力短くする努力を。長くなるときは、用件に入る前に「長文となりますがお許しください」「ご質問についての回答（長文です）」とことわりを入れる。

## 目的を明確にし、5W 3H を意識して書く

　メールのやりとりから発生するトラブルの原因として、「文章が失礼」「文章があいまい」といったものがよく聞かれます。文章は相手に読んでもらい、理解されてこそ意味があるものです。

　相手の信頼を得られるメール作成のコツは「簡潔」「正確」「具体的」の３点です。まず、誰が誰に向けて書くのかをきちんと意識します。

　次に、何について何のために書くのか、内容を決めます。その流れのなかで共有すべき情報は何かを考え、適切な内容を盛り込みます。その際、「５Ｗ３Ｈ」の要素を確かめながら書くと、必要事項を網羅できます。

●わかりやすいビジネスメールの書き方

1. 目的を明確に！
誰が誰に向けて書くのか？
何について何のために書くのかを考える。
2. 構成を整える！
ビジネスメール作成のルールにのっとって構成を整え、
5W3H を確認しながら。

| 文章力アップに役立つ 5W3H |
| --- |
| Who ………… 誰が（主語） |
| When ………… いつ（日時） |
| Where …… どこで（場所） |
| What………… 何を（行動） |
| Why………… なぜ（理由） |
| How to …… どのように（方法） |
| How much …… いくらで（金額） |
| How many … どのくらい（数量） |

基本ルール ❻
# 送信前の見直しポイント

## メールを見直してトラブルを防止

　メールは手軽に作成、送信できる便利なツールですが、その一方で、一度送ってしまったメールは取り消すことができません。誤送信は会社の信用に関わる大きな問題に発展することもあります。

　また、誤字脱字が多いと、作成した人の教養や品性が疑われることになります。人は、「自分が書いたものに間違いはない」「大丈夫だろう」と思いがちなので、そこは「間違いはあるものだ」という気持ちをもち、送信前の見直しを徹底しましょう。

## 添付書類についての注意点

　メールに書類や写真など各種資料を添付する場合も少なくありません。その際、初めて添付書類を送る相手なら、下の例のように、ファイル形式、容量について了解をもらっておくと安心です。

　容量の大きなファイルは圧縮、分割するなどの配慮をし、ウイルス感染への注意も怠らないようにしましょう。

●書類を添付して送る許可をもらう文例

> イベント会場の設計図のデータを
> ご送付したいのですが、よろしいでしょうか。
> 設計図は○○○○○（ソフト名等）で制作したもので
> 1.5MB 程度のものです。
> よろしければ次のメールで添付させていただきます。

●チェックリスト　メールを送る前に、ここを確認！

☐　ヘッダーの宛先のアドレス、会社名、名前は正確？

☐　CC、BCC の扱い方、宛先に間違いはない？

☐　件名は用件を的確に表し、15 文字程度？

☐　宛名の会社名、役職、名前は正確？

☐　書き出しのあいさつ、適切なお礼やお詫びが入っている？

☐　用件、詳細がきちんと入っている？

☐　返信が必要かどうか明確に書いてある？

☐　結びのことばが入っている？

☐　署名は必要項目がきちんと入っている？

☐　敬語の使い方に間違いがない？

☐　誤字脱字、漢字変換の間違いがない？

☐　文体はですます調で統一されている？

☐　難解なことばや読みにくい漢字は使っていない？

☐　添付書類は相手に送信の許可をもらい、きちんと添付してある？

☐　機種（環境）依存文字は使っていない？（下記参照）

### 機種（環境）依存文字とは？

パソコンや通信機器の各機種に依存して、他の機種と互換性がない文字のこと。メール内で使うと、文字化けを起こし相手が読めなくなることがあります。半角カナも使用しないほうがよいでしょう。

●機種依存文字の例

　丸付き数字・文字（①、®）、カッコ付きの漢字（㈱、㈲）、各種記号（〒、℡、№）

**Column** パソコンから携帯電話に送るときのポイント

　スマートフォン等の普及により、さまざまなアプリケーションやプログラムの操作がPC以外でも可能になったことで、多くの会社が社内システムとスマートフォン等の連携を図るようになっています。会社のPCアドレスに来たメールを、携帯電話やスマートフォン（以下、携帯）に転送して確認する人も少なくありません。「それならビジネスメールもすぐ見てもらえる携帯に直接送ればいい」とも思ってしまいそうですが、やはり基本は会社のPCアドレスへ送るのがマナーです。

　どうしても急いで連絡したいことがある場合のみ、携帯のメールアドレスに送ります。そのときはCC（→P25）で相手の会社のPCアドレスにも送っておきましょう。そうすることで見過ごされることなく、記録としても保存されます。携帯に送る場合は、「携帯電話にまでメールをお送りして申し訳ございません」「携帯にまで失礼します」などのことわり書きを添えましょう。

### パソコンから携帯電話に送るときのポイント

- 要点のみを簡潔に書く。
- １文の途中で改行せずに文章を入力する。
- 段落を変えるときは１行以上空ける。
- 勤務時間外、深夜早朝には送らない。

Part **2**

# 書き出し

手紙ほどではありませんが、
メールでもあいさつなどなしに本題に入るのは
ぶしつけでそっけなく感じます。
あいさつや相手への気遣いを簡潔に入れるのが
ポイントです。

# 初めまして

自己紹介

## 初めてメールを送らせていただきました。 フォーマル度 ★☆☆

**例** 貴社のホームページを拝見し、初めてメールを送らせていただきました。□□株式会社の山田と申します。

**使い方▶**製品やサービスの問い合わせの場合には、メールを送った経緯を簡単に記しておくと相手も安心して読むことができます。

## 初めてご連絡を差し上げます。 フォーマル度 ★★☆

**例** 初めてご連絡を差し上げます。私、□□株式会社の広報を担当しております佐々木敬一と申します。

**使い方▶**初めてメールをする場合の基本フレーズです。冒頭で自分の会社名、担当部署名、フルネームを明記し、連絡先を知った経緯、意図をきちんと書くことで、不信感をもたれず読んでもらえます。「突然のメールで失礼します」も使えます。

## 突然、メールを差し上げるご無礼をお許しください。 フォーマル度 ★★★

**例** 突然、メールを差し上げるご無礼をお許しください。
□□商事の高山敏子と申します。
△△株式会社の山田様よりご紹介いただきました。

**使い方▶**目上の方などに、「あいさつにもうかがわないうちに軽々しくメールを送りつけて申し訳ない」という気持ちを伝えるフレーズ。会社名、フルネームを明記し、紹介者がいる場合はすでに紹介者から話が伝わっていることも多いので、紹介者の名前を必ず書きましょう。

# 毎度どうも　あいさつ

## お世話になっております。　フォーマル度 ★☆☆

**例** いつもお世話になっております。
□□株式会社の加藤です。

> **使い方▶**本題に入る前に、日ごろの付き合いに対するお礼などを入れます。これは相手を問わず使えるもっともベーシックなフレーズです。「お世話様です」と書く人もいますが、「ご苦労様」という意味で使われることばでもあるため、よくない印象を受ける人（特に目上の方）もいるので控えましょう。

## お力添えをいただき、ありがとうございます。　フォーマル度 ★★☆

**例** いつもお力添えをいただき、ありがとうございます。

> **使い方▶**いつもの「お世話になっております」のあいさつではなく、変化をつけ、より感謝の気持ちを示したいときなどに使います。「お力添え」を「お心遣い」「ご指導」にしても使えます。

## ご愛顧賜（たまわ）り、ありがとうございます。　フォーマル度 ★★★

**例** 日ごろからご愛顧賜り、
まことにありがとうございます。

> **使い方▶**お客様宛てのメールで使われるあいさつの定型のひとつ。「毎度お引き立てくださいまして、厚く御礼申し上げます」「平素は格別のご高配にあずかり心から感謝いたしております」などのあいさつもよく使われます。

# 久しぶりです

あいさつ

## ごぶさたしております。
フォーマル度 ★

**例** ごぶさたしております。
その後いかがお過ごしですか。

**使い方▶** 長い間連絡を取っていなかった相手への書き出しで使います。連絡をしなかったお詫びをして、相手の近況をたずねてから、本題に入ります。

## ご連絡を怠り、申し訳ございません。
フォーマル度 ★★

**例** 心ならずも長い間ご連絡を怠り、
まことに申し訳ございません。

**使い方▶**「心ならずも〜」とつけることで、心に留めているが連絡できなかった、というニュアンスを伝えます。「久しくご連絡差し上げることができず、まことに申し訳ございません」とも書きます。

## ごぶさたしがちにて恐縮に存じます。
フォーマル度 ★★★

**例** 平素はとかくごぶさたしがちにて恐縮に存じます。

**使い方▶** 疎遠になったことをお詫びし、恐縮するフレーズです。「ごぶさたを重ねまして、深くお詫び申し上げます」でもよいでしょう。

---

**Tips!** 書き出しのポイントは、自己紹介とあいさつ、そしてメール送信の目的をはっきりと最初に伝えることです。相手は誰から何の用件のメールかを一番に知りたいからです。顔が見えないメールでは、書き出しが第一印象を大きく左右します。相手や状況に合わせて工夫しましょう。

# 元気ですか

あいさつ

## お忙しくお過ごしのことと存じます。

フォーマル度 ★★☆

**例** すっかりごぶさたいたしましたが、
山本様には、お忙しくお過ごしのことと存じます。

**使い方**▶相手の仕事が順調であることを想像して書くフレーズ。「お忙しくお過ごし」を「ご多忙」とするとよりビジネス向きになります。

## ますますご活躍のことと存じます。

フォーマル度 ★★☆

**例** 展示会でお目にかかった
□□□□株式会社の高木です
田中様にはますますご活躍のことと存じます。

**使い方**▶相手の活躍を喜ぶあいさつです。さらに丁寧にしたい場合は、「お忙しくお過ごしのことと拝察いたします」とします。「拝察」は、「推察」「想像する」という意味の謙譲語です。

## ご繁栄のこととお喜び申し上げます。

フォーマル度 ★★★

**例** 貴店におかれましては、
ますますご繁栄のこととお喜び申し上げます。

**使い方**▶手紙の書き出しなどでも使われる、相手の会社の繁栄を願う定型フレーズです。「貴社ますますご清栄のこととお喜び申し上げます」などのほか、相手の安否を問うことばにしても丁寧です。

# 確認しました　　連絡へのお礼、返信

## メール、確認いたしました。　フォーマル度 ★☆☆

**例** 今朝お送りいただいたメール、確認いたしました。
大変助かりました。

**使い方▶** メールを受け取り、内容を確認したと連絡するフレーズです。受信は確認したが内容が未確認の場合は、「内容を確認してまた後ほどご連絡いたします」と返信しましょう。

## メールを拝受しました。　フォーマル度 ★★☆

**例** 先ほどメールを拝受しました。
早々にお送りくださり、ありがとうございました。

**使い方▶**「拝受」は「受け取る」の謙譲語です。「拝受いたしました」という文も見かけますが二重敬語になるので、正確には「拝受しました」でOK。なお、メールは外来語なので「おメール」とはしません。

## お返事が遅くなり、申し訳ございません。フォーマル度 ★★☆

**例** ご連絡を頂戴しながら、お返事が遅くなり、
大変申し訳ございません。

**使い方▶** メールへの返信が遅くなってしまった場合、本題に入る前にお詫びのフレーズを入れましょう。「こちらの不手際で返信が遅れ、ご迷惑をおかけいたしました」でもよいでしょう。

# 〜の件です

メールの用件 :)

## 〜の件でご連絡しました。
フォーマル度 ★☆☆

**例** 新企画の打ち合わせの件でご連絡しました。
長いメールになりますがお許しください。

**使い方▶** 件名のみでも内容をわかるようにするのが原則ですが、件名に詳しく書き切れない場合は冒頭で説明しましょう。簡潔なメールの場合は、内容の説明は省いてもかまいません。長くなる場合にはひと言ことわりを入れます。

## 〜したく、メールを差し上げました。
フォーマル度 ★★☆

**例** 弊社のサービスについてご案内いたしたく、
メールを差し上げました。

**使い方▶** メールの内容を冒頭で相手に伝えます。「お礼を申し上げたく」「○○の企画書をご確認いただきたく」などと使います。添付書類があるときには書類の内容も説明しておきます。急ぎで返信が欲しい場合などは「ご一読後、ご一報いただけると幸いです」と添えておきます。

## 先ほどの○○の件ですが
フォーマル度 ★★☆

**例** 何度も申し訳ございません。先ほどの会議の件ですが、
上の者も同席させていただきますので、
よろしくお願いいたします。

**使い方▶** 相手とのやりとりは基本的には一往復で済ませます。しかし、何か伝え忘れた場合などは「お忙しいところ、たびたび申し訳ございません」などといったことわりを入れましょう。

# 携帯電話からパソコンに送るときのポイント

Column

　外出先で携帯電話やスマートフォン（以下、携帯）から、PCアドレスにメールを送る機会も少なくない昨今。きちんとビジネスメールの定型を反映したメールを作成していますか？

　携帯から送る場合、必ず名乗るようにしましょう。「相手の会社名、名前＋敬称」のあと、差出人がきちんとわかるように、自分の「会社名、名前」を入れます。

　次に、「いつもお世話になっております」などのあいさつに続き、「外出先のため、携帯電話から失礼します」などのことわりを入れます。そして最後に、返信は会社のPCか携帯電話か、希望するほうを明記し、相手を迷わせない配慮を。

　また、うっかり絵文字を使わないようにしましょう。

### 携帯電話からパソコンに送るときの注意点

● 本文のところに宛名（会社名、名前＋敬称）を入れ、書き出しで会社名、名前を入れて名乗る。
● あいさつに続けて、「携帯電話からのメール」である旨を入れる。
● パソコンで読みやすいように改行を入れながら用件を入力する。
● 希望する返信先を明記する。

# Part 3

# 本題

ここでは「お礼」や「抗議」、「お祝い」まで、
20のテーマに区切り、シーンやケースごとに
使えるフレーズを紹介。
「こんなときはどう書けばいいの？」と
迷ったときに開いてください。

お礼

# ありがとう

お礼のことば

## ありがとうございます。
フォーマル度 ✴

**例** ご連絡いただき、ありがとうございます。

> 使い方▶感謝を表すもっとも基本的なフレーズ。「ご連絡いただき」の代わりに、「ご協力いただき」「足をお運びいただき」などお礼の対象を入れれば、何についてのお礼なのかわかりやすくなります。

## 本当にありがとうございました。
フォーマル度 ✴

**例** 昨夜は心のこもったアドバイスをくださり、本当にありがとうございました。

> 使い方▶少し親しい人に使う、ややカジュアルな表現ですが、「本当に」をつけることで、相手の行為に対するきちんとした感謝の気持ちがしっかりと伝えられます。ごちそうになったお礼なら「本当にごちそうさまでした」でも。

## まことにありがとうございます。
フォーマル度 ✴✴

**例** いつもお気遣いいただき、まことにありがとうございます。

> 使い方▶仕事の関係者など日ごろ気を遣ってくれたり、さまざまな配慮をしてくれたりする方に対して使える感謝のことばです。付き合いを円滑にするには、常に感謝の気持ちを伝えることが大切です。

# ありがとう   お礼のことば

## ～のお礼をと思い   フォーマル度 ★☆☆

例 先日いただいた資料のお礼をと思いメールしました。
内容が充実しているので同僚とも共有しています。
ありがとうございました。

使い方▶お礼のメールであることを伝える一文です。続いて、相手にしてもらった行為によって救われたこと、学べたことなどを具体的に記して、「ありがとうございました」と書くとより丁寧です。

## ありがたく御礼申し上げます。   フォーマル度 ★★☆

例 お見舞いをいただきましたこと、
ありがたく御礼申し上げます。

使い方▶目上の相手の気遣いなどに対して、してもらったことが「有り難きこと」「もったいない」という気持ちを込めるフォーマルなことばです。「御礼」は「おんれい」と読みます。「お礼」よりも形式的な文に用いられます。

## 重ねて御礼申し上げます。   フォーマル度 ★★★

例 日ごろお世話になっておりますうえ、
お歳暮まで賜り、重ねて御礼申し上げます。

使い方▶日ごろお世話になっている気持ちと、先方からいただいた心遣いに二重の感謝を示すのに使えます。贈り物への感謝、みんなでいただいた感想などを添えるとよいでしょう。

# ありがとう　最上のお礼

## 何とお礼を言ったらよいのか…。　フォーマル度 ★☆☆

例　遠方から来て、受付まで手伝っていただき
何とお礼を言ったらよいのか…。

使い方▶同僚、気心の知れた上司など親しい人に、期待以上のことをしてもらった場合など、「ありがとう」だけでは感謝の思いを伝えきれず、困惑する気持ちを文末で表現します。

## お礼のことばも見つかりません。　フォーマル度 ★★☆

例　協議での特別なお取り計らいに、
お礼のことばも見つかりません。

使い方▶目上の方や取引先の方からの思いがけない厚意、相手が無理を押して支援してくれたような事柄に、ことばでは伝えられないほどの感謝を伝えるフレーズです。

## 厚く御礼申し上げます。　フォーマル度 ★★★

例　このたびの私の昇任につきましては、
さっそく激励のおことばを賜りまして、
厚く御礼申し上げます。

使い方▶「厚く」は「心から」「本当に」という意味を表し、「御礼申し上げます」とペアで使います。フォーマルな手紙の書き出しにも用いられる、定型文によく使われる表現です。

# 感謝しています

感謝を表す

## 感謝しています。

フォーマル度 ★☆☆

**例** 代わりに納品に行っていただけて、助かりました。感謝しています。

**使い方▶**「感謝する」を丁寧に伝えることば。対外的には「感謝しております」とします。

## 感謝の気持ちがやみません。

フォーマル度 ★★☆

**例** 田中様のご尽力には感謝の気持ちがやみません。

**使い方▶**「尽力」は何かの目的達成のために力を尽くすことを意味します。この例では、相手の支援のおかげで企画がうまくいった、何かが成功したという場合、「感謝をしても、しきれない」という気持ちを表現しています。

## 心より感謝申し上げます。

フォーマル度 ★★★

**例** ご丁重なお見舞いのお手紙とお品を賜りましたことを、心より感謝申し上げます。

**使い方▶** 深い感謝の気持ちを述べるのにふさわしいフレーズ。あらたまった表現で、ビジネスのやりとりではよく使われます。

> **Tips!** お礼のメールは、早ければ早いほど気持ちが伝わります。そのため「本日は〜」と始まるメールが一番効果的です。

# 感謝しています

感謝を表す

## 感謝の気持ちでいっぱいです。
フォーマル度 ★☆☆

**例** いつも温かく見守っていただき、
感謝の気持ちでいっぱいです。

> **使い方▶** 深い感謝の気持ちをかしこまらずに伝えるフレーズです。やや
> カジュアルな表現になるため、親しい上司、先輩へ日ごろの感謝を伝え
> る場合や、親しい取引先の方の取り計らいなどへのお礼に向いています。

## ただただ感謝しております。
フォーマル度 ★★☆

**例** 長年にわたりご指導いただき、
ただただ感謝しております。

> **使い方▶**「ただただ」とことばを重ねて感謝の深さを表現しています。
> 長い間お世話になった相手や、多くの協力、指導を受けた相手などに、
> 積もる感謝を伝えたい場合にふさわしい表現です。

## 深謝いたしております。
フォーマル度 ★★★

**例** 物資配送に関する田中様の寛大なご決断に
深謝いたしております。

> **使い方▶** 文字どおり「深く感謝している」思いを表現するフレーズです。
> しかし「深謝」には「深く謝る」という意味もあるので（→P60）、何
> に対して感謝しているのかがわかるように感謝の対象を明確にするよう
> にしましょう。

# 恐れ入ります

恐縮を表すことば

## 恐縮です。
フォーマル度 ★

**例** スケジュールを調整していただき、恐縮です。

**使い方▶** こちらからの依頼に快く応じてもらった場合など、申し訳ない気持ち、「恐れ多く、身が縮む」気持ちを表して使うものです。より丁寧にするには「恐縮でございます」と書きます。

## まことに恐れ入ります。
フォーマル度 ★★

**例** お祝いの品をいただきまして、
まことに恐れ入ります。

**使い方▶** 自分より目上の相手から好意を受けたときの感謝や恐縮の気持ちを表します。また何かを依頼するときに「恐れ入りますが～」というクッションことばとしても使われます。

## 恐縮至極に存じます。
フォーマル度 ★★★

**例** 今般はなみなみならぬご指導をいただき、
恐縮至極に存じます。

**使い方▶** 「至極」とは「このうえなく」という意味があり、最大限の恐縮を表現します。フォーマルな場で使うことばであり、かつ最大の感謝を込めるときなどに限って使いましょう。

# もったいないです　　恐縮を表すことば

## もったいないです。
フォーマル度 ★

例　私にお礼など、もったいないです。

使い方▶褒められた、お礼を言われたときなどに恐縮するフレーズ。先輩、上司、社外の方にも使えます。「もったいないお言葉です」と書けばよりフォーマルになります。

## かたじけなく存じます。
フォーマル度 ★★

例　無理なお願いをたびたび聞き入れてくださり、滞在中の細やかなお心遣い、かたじけなく存じます。

使い方▶「かたじけない」は「もったいない」「恐れ多い」という気持ちを表現することば。古いことばではありますが、多分な恩を受けたときなど、ここぞというときに使う人が増えています。

## 痛み入ります。
フォーマル度 ★★★

例　田中様のご厚情には痛み入ります。

使い方▶目上の方の厚意や配慮に対して、恐れ多く申し訳ないという気持ちを伝えるフレーズです。また、過分な褒めことばをもらったときなどの場合にも、「お誉めのことば、痛み入ります」として言うこともあります。

> **Tips!**　縁をつなげるためにも、小さなことに気付いて感謝の気持ちを伝えることが大切です。

# ありがたい

謝意の表現

## ありがたかったです。
フォーマル度 ★☆☆

**例** 展示会に来ていただけただけで、
ありがたかったです。

**使い方▶** 感謝の気持ち、うれしい気持ちをストレートに伝えるカジュアルな表現です。「うれしい」気持ちは「うれしく思いました」とします。「うれしかったです」という表現がよく使われますが、文法的には誤りとなります。目上に使いたい場合は「うれしく存じます」「うれしゅうございました」とします。

## 胸がいっぱいになりました。
フォーマル度 ★★☆

**例** 励ましのおことばをいただき、
胸がいっぱいになりました。

**使い方▶** 相手の行為により喜びや感謝があふれ出るような場合に素直に気持ちを伝えられるフレーズ。ややカジュアルなニュアンスがあるので、公的な文書では「感謝の念に堪えません」と書き換えます。

## 感激しております。
フォーマル度 ★★★

**例** 本日の講演会では田中様にご登壇(とうだん)いただき、
感激しております。

**使い方▶** 相手の行為に対して大きく心を動かされ、涙があふれんばかりに感動するような気持ちを伝えたい場合に使えるフレーズです。

# 恩は忘れません

謝意の表現

## 恩に着ます。
フォーマル度 ★☆☆

**例** 無理を聞いていただけて本当に助かりました。
恩に着ます。

**使い方**▶「恩に着る」は恩を受けるという意味。相手に無理をしてもらい助けられたことに感謝の気持ちを伝える場合に使います。会話でもよく使われる表現です。「恩に切る」と間違えやすいので気を付けましょう。

## 足を向けて寝られません。
フォーマル度 ★★★

**例** いつも格別のご配慮をいただき、
田中様には足を向けて寝られません。

**使い方**▶これも先方への恩に対するお礼ですが、単発的な出来事に対してのお礼というより、長年、協力、厚情を受けてきた相手に対して感謝を伝えるフレーズです。相手に対して「足を向けて寝る」などの失礼なこと、恩をあだで返すようなことは決してできないという気持ちが込められています。

## このご懇情は一生忘れません。
フォーマル度 ★★★

**例** おかげさまで事業が動き出しました。
このご懇情は一生忘れません。

**使い方**▶人生を左右するような出来事で助けられたとき、窮地を救ってもらったようなとき、一生忘れられない恩を受けたことに深い感謝を伝えるフレーズです。「～のご恩は一生忘れません」と言い換えてもよいでしょう。

# おかげさまで

感謝の対象 :)

## ～のおかげで
フォーマル度 ★★☆

例 部長の機転のおかげで、
ギリギリ納期に間に合いました。

使い方▶こちらのために動いてもらった場合はもちろんのこと、直接、何かをしてもらったわけではない場合も「日ごろのご協力のおかげ」という気持ちを込めて使うことも多いフレーズです。フォーマルに使うときは「おかげさまで～」「おかげさまをもちまして～」と言い換えます。

## お手数をおかけしましたが
フォーマル度 ★★☆

例 お手数をおかけしましたが、
先方様に喜んでいただくことができました。

使い方▶こちらの依頼によって何かしてもらった場合に感謝のことばとして伝えます。「ご面倒をおかけしました」という言い方もあります。「お手数をおかけします」と現在形で書く場合は「よろしくお願いします」という意味になります。また「お手数をおかけして申し訳ございません」というお詫びにも使われます。

## お骨折りいただきまして
フォーマル度 ★★☆

例 講演会のご準備にはお骨折りいただきまして、
大変感謝しております。

使い方▶「お骨折り」とは相手が苦労し、一生懸命尽くしてくれたことに対して感謝するフレーズです。「ご尽力には～（→P51）」も同じようなニュアンスで使います。

お詫び

# ごめんなさい   お詫びのことば

## すみません。
フォーマル度 ★☆☆

**例** 今朝は急いでいたためお話しできず、すみませんでした。

> **使い方▶**「すみません」は「相手に申し訳なくて気がすまない」といった意味を含み、お詫びのほか、お礼や依頼、さらに人に呼びかけるときなどにも使います。頭を下げるとき口をついて出ることばですが、使えるのは同僚か親しい上司まで。対外的には「申し訳ありません」と書きます。

## 失礼しました。
フォーマル度 ★★☆

**例** お返事が遅くなり、失礼しました。

> **使い方▶**「礼を失する」という文字どおり、こちらの非礼や失敗、失言などを認め、お詫びするフレーズです。迷惑の程度が軽いものには使えますが、深刻な過失には「謝罪いたします」などもっとお詫び度の高いフレーズを使います。

## 大変失礼いたしました。
フォーマル度 ★★★

**例** 行き違いでお目にかかれず、大変失礼いたしました。

> **使い方▶**上記の例よりかしこまって非礼を詫びる気持ちが伝わります。「大変」の代わりに「まことに」「本当に」などを入れてもお詫びの気持ちを強調することができます。

# ごめんなさい　お詫びのことば

## 申し訳ありません。
フォーマル度 ✹ ✹ ✹

**例** 連絡を怠りまして、申し訳ありません。

**使い方▶**「申し訳ない」の丁寧な言い方です。「申し訳」＝「言い訳」することもない、というお詫びのフレーズです。「申し訳ありませんでした」と過去形でも同様の意味になります。

## 申し訳ございませんでした。
フォーマル度 ✹ ✹ ✹

**例** 見積りのご提示が遅れてしまい
申し訳ございませんでした。

**使い方▶**「申し訳ない」の謙譲語です。お詫びの定番ともいえるフレーズで、弁解の余地もなく、自分のミスを認め、相手にお詫びの気持ちを伝えます。

## 申し訳なく恐縮しております。
フォーマル度 ✹ ✹ ✹

**例** ご要望にお応えできず、
本当に申し訳なく恐縮しております。

**使い方▶** 日ごろ懇意にしてもらっている相手からの依頼などに応えられず、困惑、恐縮する気持ちを伝えることができるフレーズです。

> **Tips!** お詫びは、すぐに直接出向いてするのが誠意を示すことになりますが、状況によりメールや電話でお詫びすることもあります。その場合には、使い慣れない敬語を使ってでも精一杯お詫びの気持ちを伝えることが大切です。

## ごめんなさい　謝罪のことば

### 謝ります。
フォーマル度 ✹

**例** メール誤送信の件、完全に私の不注意でした。
謝ります。

> 使い方▶悪かったと反省し、お詫びするときのことばですが、使うのは同僚程度の間柄までと考えましょう。やや上から物を言うようなニュアンスが感じられるので、フォーマルな文書には向きません。

### 心より謝罪いたします。
フォーマル度 ✹✹✹

**例** 製品に不具合がありましたとのこと、
心より謝罪いたします。

> 使い方▶「謝罪する」とは自分の過失を認めて、お詫びの気持ちを表しています。明らかに自分側に非があり、弁明の余地もない場合、先方に大きな迷惑をかけてしまったような場合に使います。「深謝いたします」とも書きますが、これはお礼の意味でも使われます（→ P52）。

### 陳謝いたします。
フォーマル度 ✹✹✹

**例** 弊社の確認不足による不祥事につきまして
陳謝いたします。

> 使い方▶上記の「謝罪」は事情を述べずに詫びることばですが、「陳謝」は「事情を述べて詫びる」という意味のため、事情説明とともに使います。ビジネス関係で使われる最上級のお詫びのフレーズとされています。

# ごめんなさい

謝罪のことば

## お詫びいたします。
フォーマル度 ★

**例** 勝手に先方に連絡を取ったことを
お詫びいたします。

> **使い方▶** 謝罪の気持ちを伝える基本のことばです。失礼、ミスなどお詫びの理由と組み合わせて使います。フォーマル度アップには「お詫び申し上げます」など。

## お詫びのことばもございません。
フォーマル度 ★★

**例** 弊社の不手際でご迷惑をおかけしまして、
お詫びのことばもございません。

> **使い方▶** あまりの申し訳なさに、お詫びを表すのにふさわしいことばが見つからないという表現。言い訳も通用しないほど先方に迷惑をかけてしまった場合などに使います。

## 謹んでお詫び申し上げます。
フォーマル度 ★★★

**例** 不用意な対応にご不快な思いをされたことと存じます。
謹んでお詫び申し上げます。

> **使い方▶**「謹んで」は相手に敬意を表し、「かしこまって」というニュアンスがあります。「まことに申し訳なかった」という深い謝意を伝えるフレーズです。

# ごめんなさい　　ミスを認める

## 申し開きできません。　　フォーマル度 ★★☆

**例** 発注数の間違いは私の確認不足であり、申し開きできません。

**使い方▶** 自分の行為について、その理由や正当さを明らかにしようと述べることが申し開きをすることですが、それができない場合、平謝りの形で使うことばです。フォーマルなメールでも使えます。

## 面目次第もありません。　　フォーマル度 ★★☆

**例** こちらの不注意で田中様にまでご迷惑をおかけし、面目次第もありません。

**使い方▶**「申し訳ない」「恥ずかしい」という思いが強く、顔向けできない気持ちを伝えるフレーズ。少しカジュアルな表現として「穴があったら入りたい気持ちです」も使えます。

## 弁解の余地もございません。　　フォーマル度 ★★★

**例** このたびの事故は私の不徳のいたすところで、弁解の余地もございません。

**使い方▶**「申し開きできない」と同じ意味で使います。100％こちらの非をお詫びする言い方です。あえて弁明せず、波風を立てず済ませたい場合にも用いられます。「弁明のしようもありません」とも使えます。「不徳」は自分の人間性、品性などが足りないことを意味します。

# 心配をかけました　お詫びの理由

## ご心配おかけして　フォーマル度 ★☆☆

例　納品の報告をせず、ご心配おかけして申し訳ありませんでした。

使い方▶気をもませる、悩ませるなど、相手に精神的な負担をかけた場合に使います。病欠後に復帰したとき、身を案じてもらったときなどにも、心配りへのお礼として使うこともあります。

## ご迷惑をおかけいたしました。　フォーマル度 ★★☆

例　生産の遅れにより、いろいろご迷惑をおかけいたしました。申し訳ございません。

使い方▶こちらの不手際で相手に及んださまざまな迷惑について詫びることば。使える範囲が広く、お詫びの常套句といえます。「本当に〜」「まことに〜」を頭につけて、お詫びの深さを示すことができます。

## ご不快の念をおかけいたしまして　フォーマル度 ★★★

例　失礼な応対により、ご不快の念をおかけいたしまして、謹んでお詫び申し上げます。

使い方▶こちらの対応により、相手に不快な思いをさせてしまったときに謝罪するフレーズ。接客業のほか、受付や取り次ぎの際に不手際があったときなどによく使われます。

# 失態を演じて

お詫びの理由

## とんだ失態を演じまして
フォーマル度 ✹

> 例　忘年会の席ではとんだ失態を演じまして、
> お恥ずかしいかぎりです。

> 使い方▶情けない失敗や度が過ぎた振る舞いのお詫びに使われます。飲み会の場などで飲み過ぎて大騒ぎしたり、失言したりした日より以降の連絡時によく使われます。

## 不用意な発言をいたしまして
フォーマル度 ✹✹

> 例　ご事情を把握せずに不用意な発言をいたしまして
> 自責の念にかられています。

> 使い方▶準備もせず、理解が浅いまま人に意見し、それが見当違いであったような場合にお詫びするフレーズです。「自責の念」は自分の責任であったことを反省し、苦しむ様子を表します。

## 監督不行き届きのため
フォーマル度 ✹✹✹

> 例　この度は私の監督不行き届きのため、
> 貴社に多大なご迷惑をおかけしました。

> 使い方▶気配りや注意が行き届かないことが原因で先方に迷惑をかけたとき、また、管理職の立場の人が部下の失敗についてお詫びするときに使われるフレーズです。

# 私の力不足で

お詫びの理由

## 力不足で

フォーマル度 ★☆☆

**例** 私の力不足で契約が流れてしまい、
情けなく思っています。

**使い方▶**引き受けた仕事を果たせなかったことは、自分の力量が足らなかったことが原因であるとする例です。力不足を悔やみ、反省している気持ちを表現しています。

## 失念しておりました。

フォーマル度 ★★☆

**例** サンプル送付の件、失念しておりました。
申し訳ございません。

**使い方▶**約束していたことをうっかり忘れてしまったときなど、はっきり「忘れました」と伝えるのは印象がよくありません。そんなときに、当り障りなく意味を伝えられるありがたいフレーズです。

## 考えが及ばず

フォーマル度 ★★★

**例** 私どもの考えが及ばず、
皆様には大変ご迷惑をおかけいたしました。

**使い方▶**自分の配慮や力が足りなかったことを詫びるフレーズ。考えていなかった事態が起こり、適切に対処できなかったため、周囲に迷惑をかけてしまったようなときに使われます。

# 不注意で　　お詫びの理由

## 不注意で　　フォーマル度 ★☆☆

**例** 私の不注意でご迷惑をおかけし、
まことに申し訳ありません。

**使い方▶** 注意が足らずに「うっかり」過失にいたってしまったことをお詫びすることばですが、ミスの大小を問わず使われます。過失の具体的な理由をあげずに済ませたいときなどにも使える便利なことばです。

## 誤解がございまして　　フォーマル度 ★★☆

**例** 経理との間で誤解がございまして、
ご請求金額に間違いがありました。
お騒がせいたしまして申し訳ございませんでした。

**使い方▶** 相手にかけた迷惑の理由を「誤解があった」と言い訳をして陳謝するフレーズ。「故意ではない」「悪気はない」というニュアンスが込められています。

## 心得違いで　　フォーマル度 ★★★

**例** 私の心得違いで、ご希望されました資料と違うものを
お送りしてしまいました。

**使い方▶** 「心得違い」は「勘違い」「不注意」などにも置き換えられます。「つい間違えて〜」をオブラートに包んだ表現といえます。こちらの不手際なので「申し訳ございません」のひと言を忘れずに。

# 反省しています

反省の表現

## 大変反省しております。

フォーマル度 ★

**例** 打ち合わせで決定した指示に従わなかったことを大変反省しております。

**使い方▶** 指示や規定に従わなかったり、自分の行為を振り返って反省する点があったことを素直に伝え、反省、お詫びするフレーズです。社内でのやりとりに多く使われます。

## 恥じ入っております。

フォーマル度 ★★

**例** 初歩的なミスを犯し、恥じ入っております。申し訳ございませんでした。

**使い方▶** 相手に迷惑をかけてのお詫びというより、自分の失態を恥じる表現といえます。さらに丁寧に言う場合は「お恥ずかしいかぎりです」とします。また、人から受けた褒めことばに対し、謙遜して返答する場合にも使われます。

## 猛省しております。

フォーマル度 ★★★

**例** ご満足いただけない結果となり、当部署の者全員が猛省しております。

**使い方▶** 取引先に大きな迷惑をかけた、相手の依頼にまったく応えられなかった、取引先から叱責を受けたときなどに使われます。「猛烈に反省している」という強い反省の気持ちを示すことば。

# 反省しています

反省の表現

## 以後、気を付けます。

フォーマル度 ★☆☆

例 同じミスを繰り返さないよう、以後、気を付けます。

使い方▶小さなミスをしたときなどの反省のことばで日常的にもよく使う表現です。対外的なお詫びのことばとしては不向きなので、「申し訳ありませんでした」と添えましょう。

## 自責の念にかられております。

フォーマル度 ★★☆

例 完全に私の配慮不足であったと
自責の念にかられております。

使い方▶「自責の念にかられる」は自分の過ちを自分で責め、反省しているという意味です。「悔いている」「恥じている」と言い換えることができます。

## 痛恨の極みでございます。

フォーマル度 ★★★

例 貴社に多大な損害を与える結果となりましたことは
痛恨の極みでございます。

使い方▶「痛恨の極み」とは、「これ以上残念なことはない」「大変悔やまれる」の意味。似たようなフレーズに、「遺憾に存じます」がありますが、「痛恨」は自分が発端になった問題に対しての反省を示すのに対し、「遺憾」は自分に直接関わらない事柄に対し、残念な気持ちを表明するもので第三者的なニュアンスが感じられます。

# 許してください

許しを請う

## お許しください。
フォーマル度 ★☆☆

**例** 出すぎたまねをしたことは、お許しください。

**使い方▶**失敗、不備を詫びることばですが、甘えが許される場面で使われる軽い謝罪といったニュアンスがあります。対外的には「お許しくださいませ」「お許しを願います」と書き換えます。

## ご勘弁願えませんでしょうか。
フォーマル度 ★★☆

**例** 来週、必ずすべて納品させていただきますので、ご勘弁願えませんでしょうか。

**使い方▶**過失、失敗の許しを請う表現です。相手に融通をきかせてもらいたい、諸事情を考慮して納得してもらいたいときなどに使います。「ご勘弁ください」と言い切らず、「～でしょうか」と相手の意向をうかがう形にすることが大切です。

## ご容赦くださいますよう、お願い申し上げます。
フォーマル度 ★★★

**例** 多大なご負担をおかけしましたが、何とぞご容赦くださいますよう、お願い申し上げます。

**使い方▶**相手に大きな損害を与えたなど、深刻な過失のときに使うお詫びのことばです。上記の例と同様、紋切り型にならないように、「お願い申し上げます」とお願いの形で結びます。さらに丁寧な言い方は「ご海容くださいますよう～」など。

# 二度としません

お詫びと決意

## 二度といたしません。

フォーマル度 ★☆☆

**例** 私の軽率な判断でご迷惑をおかけしました。
同じ失敗は二度といたしません。

**使い方**▶自分の非を認め、深く反省し、繰り返さないことを約束するストレートな表現です。

## 一層注意してまいります。

フォーマル度 ★★☆

**例** ご指摘いただいた件は部署全体におきまして
一層注意してまいります。

**使い方**▶こちらの過失を反省し、「これまでも注意はしていたが、不十分だったのでさらに徹底させる」という強い決意表明をするフレーズです。「再発防止に努めてまいります」とも言い換えられます。

## 肝に銘じます。

フォーマル度 ★★☆

**例** 今件をご容赦くださったうえに
ご忠告をいただきましたこと、
ありがたく肝に銘じます。

**使い方**▶過失に対し、相手から受けた批判などをしっかり心に刻み、守っていくことを誓うフレーズです。「肝」は肝臓のことで、人体に欠かせないことから、肝＝大事なもの、心という意味合いで使われます。「ご批判を心に刻む」とも言えます。また、「銘じます」を「命じます」と間違えないようにしましょう。

# 埋め合わせします

今後の対応

## 埋め合わせは必ずさせていただきます。
フォーマル度 ★☆☆

**例** 無理を聞いていただいた
埋め合わせは必ずさせていただきます。

**使い方▶** 相手に迷惑をかけたり、何かに協力してもらったりした場合に、相手の利益になるような代償を約束することばです。相手の不満、怒りを和らげたいときなどに使われます。

## ご指示をお願いいたします。
フォーマル度 ★★☆

**例** 直接お詫びにあがりたいと思っております。
ご指示をお願いいたします。

**使い方▶** メールだけで済まさず、きちんと面と向かってお詫びをしようとする気持ちを伝える表現です。あくまでも、まずは相手の意向をうかがうために、指示をあおぐようにします。

## お詫びにうかがいたく存じます。
フォーマル度 ★★★

**例** 今回の件につきまして、
上の者とお詫びにうかがいたく存じます。

**使い方▶** 過失を重く受け止めて、上司と共にお詫びにうかがいたいという真摯(しんし)な姿勢を伝えるフレーズです。上記と同様に勝手に訪ねるのはマナー違反なので、「うかがいたいと思っている」と伝え、相手の判断を待ちましょう。

**クッションことば** お詫び

## おっしゃるとおりです。
フォーマル度 ★☆☆

**例** まさにおっしゃるとおりです。私の勉強不足でした。

**使い方▶**相手の怒り、指摘を認め、こちらのいたらなさを反省するフレーズです。また、相手の言い分を全面的に受け入れ、怒りを静めるときなどにも使えることばです。

## ご指摘のとおり
フォーマル度 ★★☆

**例** ご指摘のとおり、請求書の額が間違っておりました。大変申し訳ございませんでした。

**使い方▶**相手の指摘が正しかった事実を文中に入れることで相手への敬意を表し、お詫びします。「ご指摘のとおりで、弁解の余地はありません」といった謝罪にも用いられます。

## 〜はごもっともでございます。
フォーマル度 ★★★

**例** 私どもの対応は非礼この上なく、お客様のお怒りはごもっともでございます。

**使い方▶**「ごもっとも」は、「言うとおり」「おっしゃるとおり」「当然なこと」という意味であり、相手の言い分は正しい、と認める表現です。言い分を受け入れることで、相手の怒りをやわらげる効果も期待できます。「お怒り」を「ご立腹」「お腹立ち」と言い換えることもできます。

## Column 物言いをソフトにする クッションことば

　ビジネスではお詫びやお願い、お断りといった難しく、気の引けるやりとりも少なくありません。デリケートな話は顔を見ながらするのが一番ですが、まずはメールで一報を入れておくこともあります。そういうシーンでの文章を、やわらかく、より丁寧に伝えるためのことばが「クッションことば」です。

例：1「ご指摘のとおり、こちらの修正ミスでした」
　　2「恐れ入りますが、一度弊社までご足労願えますでしょうか」

　1では「ご指摘のとおり」というクッションことばで、相手の言い分を受け入れる姿勢を示すことができます。2の例のように、相手に負担を強いるお願い事などには、「恐れ入りますが」と恐縮のことばを入れることで、謙虚な姿勢を伝えられます。
　さまざまなシーンで便利に使えるクッションことば。お付き合いの潤滑油として、積極的に活用していきましょう。

### いろいろなクッションことば

| | |
|---|---|
| お詫び | 〜のおっしゃるとおりで、無理もございません |
| お願い | 恐縮ですが、ご面倒ですが、お手数ですが |
| お断り | あいにくですが、残念ですが、せっかくですが |
| その他 | 失礼ですが、よろしければ、お差し支えなければ |

回答・説明

# お答えします

返答のことば

## お答えします。

フォーマル度 ★☆☆

**例** 夏季保養所の応募方法について、お答えします。

**使い方** ▶ 社内や親しい取引先に使えます。前文で何に対して返答するのか明確に表示します。カジュアルな表現ですが、使い方によっては上からの物言いになるので注意して使います。

## 返答いたします。

フォーマル度 ★★☆

**例** この度はお問い合せいただき、ありがとうございます。在庫確認のため翌営業日以内に返答いたしますので、今しばらくお待ちいただきますようお願いいたします。

**使い方** ▶ 確認してから回答するなど、返信までに時間が空く場合、担当者不在で後日連絡をしたい場合などに使えるフレーズです。返信・回答の具体的な日にちを入れるとより親切です。

## ご回答させていただきます。

フォーマル度 ★★☆

**例** お問い合わせいただきました耐震性について、ご回答させていただきます。

**使い方** ▶ 問い合わせの返事に使う表現です。お客様や取引先など、丁寧な表現で対応すべき場面で利用価値大。文面が形式的な感じもしますが、ビジネス文書としては簡潔で誠意が伝わります。「ご回答いたします」はややカジュアルな表現になります。

# お答えします

返答のことば

## 〜ということです。
フォーマル度 ★

**例** 再販売に向け、工場では生産量を大幅に増やしたということです。

**使い方▶** 内容を自分が直接知っていることにでも、間接的に知っていることにでも使えるフレーズです。やや他人事のような印象を与えやすいので注意して用いましょう。

## 〜となっております。
フォーマル度 ★

**例** 就業規則により、育児休暇は10か月となっております。

**使い方▶** すでに決まっている事項や状況を説明するときに、よく使われるフレーズです。事務的な、規則のため変えられないというニュアンスを含むため、問い合わせの回答などにもよく使われます。

## 〜次第でございます。
フォーマル度 ★★★

**例** ご提示の金額では希望価格との差が大きく、今回は注文を見送るという結論にいたった次第でございます。

**使い方▶** ここでの「〜次第です」は、「〜という状況です」「〜という訳です」といった、状況説明や原因説明を表しています。

> **Tips!** 回答・説明をする場合、上からの物言いに感じられたり、言い訳のようにとられたりすることがあります。よって、相手を尊重した謙虚な表現の工夫が必要です。気遣いを示すクッションことば（→P84）を活用しましょう。

# 以下のとおりです　　返答のことば

## 次のようになっています。　　フォーマル度 ★★★

**例** 商品の保証期間及び保証内容に関しましては、
次のようになっています。

> 使い方▶会社に定型の回答があるものによく使われます。また、「次のような〜となっています」として、「保証規約」「利用規約」など具体的なことばを入れて使うこともできます。

## 〜は、以下のとおりです。　　フォーマル度 ★★★

**例** お問い合わせいただきました冷凍食品の賞味期限と
取り扱い方法につきましては、以下のとおりです。

> 使い方▶複数の問い合わせ事項について、説明するときに使います。「以下のとおりです」の下には、箇条書きにした回答を並べて、わかりやすく表示します。「詳細は以下（下記）のとおりです」とも使えます。

## 以上のような状況ですので　　フォーマル度 ★★★

**例** 以上のような状況ですので、
ご検討のほどお願いいたします。

> 使い方▶問い合わせに対して、先に詳しく状況を説明してから、「ご了承ください」「ご検討ください」とお願いのフレーズを入れて、締めくくります。

# 説明します

切り出しのことば 😊

## ご説明いたします。
フォーマル度 ★★★

**例** バッテリー交換時のミスにつきまして、ご説明いたします。

使い方▶説明や弁明をするときに切り出し文として使います。「説明を聞いてほしい」という気持ちを込めて、説明の前にもってきます。対外的には「ご説明申し上げます」にします。まとめとして使うときには、「ご説明申し上げました」となります。

## 改めて経緯を述べさせていただきます。
フォーマル度 ★★★

**例** 弊社ホームページにも掲載しておりますが、改めて経緯を述べさせていただきます。

使い方▶同じ用件で改めて説明するときに使えるフレーズです。より詳細を伝える場合のほか、相手の理解が不十分なのでもう一度聞いてほしい場合などにも使えます。

## 釈明申し上げます。
フォーマル度 ★★★

**例** □□□印刷への発注ミスにつきまして、釈明申し上げます。

使い方▶自分に対する誤解や非難を受けたことについて、こちらの事情を説明し、理解を促すときに使う切り出しのことばです。トラブルの影響が大きく、やむを得ない状況のときに使われることの多いフレーズです。

# 説明します

原因の説明

## ～は、～によるものでした。

フォーマル度 ★☆☆

例　不良品が出ましたのは、
検品システムの不備によるものでした。

使い方▶「問題は、～が原因です」と理論立てて説明し、納得してもらいます。原因究明してから連絡するのが原則ですが、すぐに解決できないときには、「現在、原因を確認しておりますので」と対処していることを伝えておきます。

## ～と判明いたしました。

フォーマル度 ★★☆

例　昨日の事故の原因は、
電気のショートにあったことが判明いたしました。
今後のため、安全措置を講じております。

使い方▶きちんと原因を調査した結果を示し、事実関係に基づく説明であることを明示します。その結果を受けてトラブルへの対処法を伝え、相手の不安、怒りをやわらげる努力をしましょう。

## ～があり、～にいたった次第

フォーマル度 ★★★

例　出庫前にドライバーが行う車両点検にミスがあり、
今回の事故にいたった次第でございます。

使い方▶トラブルの原因がこちらにあったものの、やむを得ない状況があったような場合の説明で使います。「～という原因で～にいたった」と事実を伝え、相手に納得してもらえるようにします。

# 説明します

経緯の説明

## やむなく～となりました。　フォーマル度 ★☆☆

**例** 福岡からのトラック便が遅れていまして、
やむなく午後からの販売となりました。

**使い方**▶こちらでも対処できないトラブルが発生したことを説明するときに使います。「やむなく」は「仕方がない」という意味で、努力したけれども不可抗力であったということが伝わります。原因に引き続き、トラブルを最小限にするための案や現状を報告します。

## ～せざるを得ませんでした。　フォーマル度 ★★☆

**例** 雪が激しく、安全上の理由により
ツアーを中止せざるを得ませんでした。

**使い方**▶不可抗力でトラブルを防ぐことができなかった、というときに使います。「～せざるを得ない」は他の選択肢がなかったこと、不本意ながらそうするしかなかったことを強調しています。

## 回避できませんでした。　フォーマル度 ★★☆

**例** 原材料の価格高騰により、
値上げを回避できませんでした。

**使い方**▶相手からの希望や依頼に添えなかったことを説明するフレーズです。「回避できなかった」という結論に、自分たちの力ではどうにもならない理由があることを説明し、十分努力したことを含ませます。

# 説明します

添えることば

## ご存じかと思いますが　　　フォーマル度 ★☆☆

**例** ご存じかと思いますが、市民マラソン開催のため、バスの運行経路は大幅に変更されております。

**使い方▶** 相手との間に共通の認識があることを確認するフレーズを入れ、自分の話に説得力をもたせる弁明。「ご存じかと〜」と尊敬語を使うことによって、相手の不快感を緩和します。

## ご承知いただいていると存じますが　　　フォーマル度 ★★☆

**例** ご承知いただいていると存じますが、竜巻の被害により、工場からの発送が滞っております。

**使い方▶**「ご承知いただいていると存じますが」は、「状況を理解してもらっていると思いますが」というフレーズのへりくだった言い方です。相手がどこまで把握しているかわからないときに、やや遠回しに説明するときに添えることばです。

## お聞き及びのこととは存じますが　　　フォーマル度 ★★★

**例** お聞き及びのこととは存じますが、原油価格が高値を更新していることに伴い、価格改定は避けられない状況です。

**使い方▶** 以前にも説明してあることを、もう一度繰り返すときや、周知の事実を用いて説明する際に使います。「以前にもお話ししたように」「知ってのとおり」「〜となっています」「ご理解ください」というこちらの思いを表現しています。

# 割り切れません

反意のことば

## 割り切れない気持ちが残ります。
フォーマル度 ★☆☆

例 善処していただけたものと存じますが、
割り切れない気持ちが残ります。

使い方▶「割り切る」は、納得する、物事の結論をきっぱり出すこと。ここでは否定形で用いているので、納得できない、不満があることを表現しています。「割り切れない気持ちです」ではなく「気持ちが残ります」とすることで、反意のニュアンスをやわらげます。

## 判然としない点もございます。
フォーマル度 ★★☆

例 先日いただきましたご指摘はごもっともですが、
判然としない点もございます。

使い方▶非難の連絡をもらったけれど相手の言い分に疑問がある場合に、反意を伝えるフレーズです。「点もございます」とすることで、全部ではなく部分的に異議があることが伝わります。「納得しかねる点も」と言い換えても使えます。

## 釈然としないものがあります。
フォーマル度 ★★☆

例 業界全体の景気が不透明である今、
貴社のご意見について、釈然としないものがあります。

使い方▶「釈然としない」は、疑念や迷いが晴れず、すっきりしない、わだかまりが残ること。相手の意見を受け入れつつも合点がいかない場合に使うフレーズです。同じ意味で「腑に落ちない」という言い方もあります。

# 実を言うと

状況説明

## 実を申しますと

フォーマル度 ★★★

**例** 実を申しますと、悪天候のため、
調査はあまりはかどっておりません。

**使い方▶**依頼されたことに対して、成果が上がっていないことを伝えなければならないときに使われる表現です。早い段階でこちらの状況を報告したほうがよいと判断したときに用います。

## 残念ながら～とは言えません。

フォーマル度 ★★★

**例** 温室効果ガスの排出抑制に関しまして
さまざまな対策をとっておりますが、残念ながら
今のところ効果が上がっているとは言えません。

**使い方▶**進捗状況などについて問われたとき、思った以上に結果が出ていない様子を説明するフレーズ。ただ、使い方によっては他人事のように感じられるので、調査結果などをふまえ、現況を明確に伝えます。

## 思うようにいっていないのが実情でございます。

フォーマル度 ★★★

**例** 社員、一丸となって取り組んでおりますが、
思うようにいっていないのが実情でございます。

**使い方▶**納期などに遅れを生じそうなときに使います。精一杯努力しているにもかかわらず、結果が出ていないことを早めに相手に伝えることによって、相談しつつ次の手を打つことができるようにもっていきましょう。

# 誤解です

弁明の理由

## 誤解が生じているようですので
フォーマル度 ★★☆

例　誤解が生じているようですので、
一例ずつご説明申し上げます。

使い方▶確実に相手が誤解していると思うときに使えるフレーズです。丁寧な言い方ではありますが、「誤解がある」とはっきり示した強い表現なので、理論立った説明をして、納得してもらえるように努力します。

## 行き違いがあったかとも思われますので
フォーマル度 ★★☆

例　行き違いがあったかとも思われますので、
ここで改めてご説明させていただきます。

使い方▶「行き違い」は双方の意思疎通がうまくいかずに誤解を生じることを意味します。「相手の誤解」ではなく「双方の行き違い」とすることで、責任のなすり合いを避け、考えをすり合せていく方向に進められます。きちんと説明をすることで、お互いの食い違いを正していくことを目的にしています。

## 説明が不十分だったかとも
フォーマル度 ★★☆

例　私どもの説明が不十分だったかとも存じますので、
改めて事情を述べにうかがえればと存じます。

使い方▶自分の説明不足によって問題が生じたと思われる場合、もう一度説明させてくださいと願い出ます。あくまでもこちらに非があるという立場をとることによって、相手を軟化させつつ、相手にも誤解があることをほのめかします。

## クッションことば 回答・説明

### おかげさまで
フォーマル度 ★★★

**例** おかげさまで、新雑誌発刊のプロジェクトチームは9月の発売に向けて、順調に進んでおります。

**使い方▶**「おかげさま」は他人からの助力や親切に対して、感謝の意を込めて言うことばです。よい成果を伝えるときのクッションことばなので、続く文章で成果を報告します。いろいろな場面でよく使われる便利なことばです。

### あいにくですが
フォーマル度 ★★★

**例** あいにくですが新作のポーチは好評につきまして、品薄状態となっております。

**使い方▶**「あいにく」は期待や目的にそぐわないさま、都合の悪いさまの意で、悪い状況を説明するときに使うクッションことばです。「あいにく」を使うことで次に続く内容がかんばしいことではないと予測できるので、相手の意向をスムーズに理解することができます。

### 大変申し上げにくいことですが
フォーマル度 ★★★

**例** 大変申し上げにくいことですが、どうしても調整がつかず、発売中止となりました。

**使い方▶**「あいにく」と同じで、悪い状況を説明するときのクッションことばです。説明することが相手の意向に反するときやこちらの意見を理解してほしいときに、このようにクッションことばをはさむと全体がソフトになります。「申し訳ございませんが〜」もOK。

## クッションことば 回答・説明

### 確かにそのとおりですが
フォーマル度 ★☆☆

**例** 確かにそのとおりですが、
改めてご説明させてください。

**使い方▶**「確かにそのとおり」というフレーズで一度相手の意見を受け入れながら、こちらの主張をする場合に使うクッションことばです。前の説明では納得していない相手に、丁寧に説明し直します。

### 恐れ入りますが
フォーマル度 ★★☆

**例** 恐れ入りますが、改めて釈明させていただきます。

**使い方▶**「恐れ入ります」はこちらに非がなくても、こちらの要望や弁明に耳を傾けてもらいたいときなどに使用するクッションことばです。相手の行為に対して恐縮しながらも、きっちり釈明しておきたい場合などに使うとよいでしょう。同じクッションことばでよく使われる「申し訳ございませんが」は、こちらに非がある場合に使われます。

### 僭越ながら
フォーマル度 ★★★

**例** 僭越ながら、新社屋の件につきまして
改めてご説明申し上げます。

**使い方▶**「僭越」は自分の立場を超えて出すぎたことをするという意味で、「私の立場からは恐れ多いことですが」という含みをもちます。謙虚なことばを添えることで、目上の方に対する説明・弁明をスムーズに運ぶことができます。

お願い

# お願いします　　依頼のことば 😊

## お願いできますか。　　フォーマル度 ★

**例** 天候不順による収穫の遅れが出ています。
万全を期しますが、納品日の変更をお願いできますか。

**使い方**▶お願いできるかどうか、諾否（承諾するか、しないか）を問うフレーズです。「してください」は命令形の一種のため、強要にもとれるので、「できますか」という疑問形にし、ソフトにもっていきます。

## 願えませんでしょうか。　　フォーマル度 ★★

**例** 貴社の商品カタログをお送り願えませんでしょうか。

**使い方**▶依頼をするときの基本的なフレーズです。「〜ませんでしょうか」には、少し相手に「無理を言って申し訳ない」という姿勢を感じさせ、全体がソフトなニュアンスになります。また、文中に「〜していただく」が続いてしまうときの言い換えとして使うこともできます。

## 〜をお願いできませんでしょうか。　　フォーマル度 ★★

**例** 恐れ入りますが、返却期限の変更を
お願いできませんでしょうか。

**使い方**▶相手に手間をかけるようなことを依頼するときに使われます。「〜できませんでしょうか」と問いかける形でお願いをすることによって、表現がソフトになり、相手側にとっては断ることもできる猶予を与えます。

# お願いします

依頼のことば

## 〜していただけますか。
フォーマル度 ★☆☆

**例** 打ち合わせを8月25日の10時から15時に変更していただけますか。

**使い方▶**「していただく」は「してもらう」の謙譲語で、お願いをするときなど、仕事上でも頻繁に出てくることばです。問いかける形で依頼をしているのは相手の都合もあることなので「もし可能なら」という希望が込められているため。

## 〜していただけませんでしょうか。
フォーマル度 ★★☆

**例** 売れ行き好調のため、品切れ状態です。次の納品を早めていただけませんでしょうか。

**使い方▶** こちらの都合を優先して、依頼をするときに使います。「〜していただけますか」よりは相手への配慮を示し、丁寧な言い方になっています。前文でこちらの事情を説明し、依頼を受けてもらえるように工夫しましょう。

## 〜していただきたく存じます。
フォーマル度 ★★★

**例** 春のキャンペーンを開催しておりますので、お知り合いの方をご紹介いただきたく存じます。

**使い方▶**「存ず」は「思う」の謙譲語です。丁寧にお願いをしている形をとっていますが、強制力のある言い切り形の表現になっています。

**Tips!** お願い事は本来、対面で行うのが礼儀です。メールの場合は、丁寧な姿勢と熱意が感じられる文面にしましょう。

# お願いします　　依頼のことば

## 〜してもらえませんか。　フォーマル度 ★☆☆

**例** ゴールデンウィーク前後の休暇届けは早めに出してもらえませんか。

**使い方▶** お願いをするときに日常的によく使われるフレーズです。問いかけの形にしているので、「お願いします」より控えめな感じですが、尊敬の表現ではないので、社内でのやりとりに使います。丁寧にするときは「いただけませんでしょうか（→ P87）」とします。

## ご依頼できますでしょうか。　フォーマル度 ★★☆

**例** 新規発注について見積りをご依頼できますでしょうか。

**使い方▶**「ご依頼できますでしょうか」と相手に問いかける言い回しで、控えめな表現になっています。意味としては「お願いしたい」と同様なので、人によっては強制されているようにもとれるので注意して使います。

## 〜いただきたく、ご依頼申し上げます。　フォーマル度 ★★★

**例** 貴社の新商品サンプルをご送付いただきたく、ご依頼申し上げます。

**使い方▶**「お願いします」と同様の意味で使いますが、「ご依頼」ということばを使うことで正式な感じがあります。「お願い」のフレーズよりも目上の方への依頼にも使えるフレーズです。

# お願いします　　依頼のことば 😊

## ～してください。　　フォーマル度 ★☆☆

**例** 来年度の予算申請が迫っています。2月8日までに各自、担当の見積書を提出してください。

**使い方▶** お願いをするときの一般的なフレーズです。相手の取り方次第で命令形に感じることがあります。メールでは相手の表情がわかりませんので、使い方には十分に気を付けましょう。

## ～していただけると幸いです。　　フォーマル度 ★★☆

**例** お忙しいこととは思いますが、早めにお送りいただけると幸いです。

**使い方▶**「～していただけると幸いです」は、「あくまでも相手が依頼を受けてくれたら、こちらはうれしいです」という意味になります。押しつけがましくなくソフトな感じがするので、相手にとっても断りやすい表現です。

## ～よう、お願い申し上げます。　　フォーマル度 ★★☆

**例** 当社の自慢の商品ですので、ショーケース前列にディスプレイいただけますよう、お願い申し上げます。

**使い方▶** これも依頼するときの基本フレーズです。前に「～いただきたく」や「～賜りたく」などをつけて使われることが多いです。どのような依頼事にも使えますが、強くお願いしたいときには「切に」や「賜りたく」をつけるとよいでしょう。

# お願いします　依頼のことば

## 〜したいのですが、お願いできますか。
フォーマル度 ★★☆

**例** 周年行事までに間に合わせたいのですが、お願いできますか。

**使い方▶** こちらの依頼事に諾否（だくひ）を問うときに使います。「〜」の部分は「〜だから」「〜してほしい」という依頼を述べていきます。「お願いできますか」とうかがってはいますが、強制しているように受け取られる場合もあります。相手との関係を考えて使い分けましょう。

## お願いしたく存じます。
フォーマル度 ★★☆

**例** ご多忙中恐縮ですが、一度お時間を設けていただけるようお願いしたく存じます。

**使い方▶** こちらの依頼に対して、目上の相手が行動を起こしてくれるよう丁寧に願うときに使います。してほしい行為を相手に直接はたらきかけていますが、たずねる形にすることで押し付けるような印象を軽減させます。

## 〜いただきたくご依頼申し上げます。
フォーマル度 ★★★

**例** 秋季セミナーの講師として、ぜひ若田先生にご登壇いただきたくご依頼申し上げます。

**使い方▶** 「ご依頼申し上げます」で正式な依頼であることを、相手に示唆（し）しています。したがって、相手にも依頼に対してきちんと検討してもらえるように、しっかりとした趣旨や条件を明記するようにします。

# お願いします

お願いの強調

## 切にお願い申し上げます。
フォーマル度 ★★★

**例** 弊社との新規取引を切にお願い申し上げます。

**使い方▶**「切に」は「強く思う、こころから思う」という意味で、ぜひお願いしたいという強い気持ちを伝えます。依頼内容を説明したあと、「つきましては〜」に続けて、文末に使います。

## 伏してお願い申し上げます。
フォーマル度 ★★★

**例** 今回の件につきましては、ご理解賜りますよう、伏してお願い申し上げます。

**使い方▶**「伏して」は「切に願うさま」を言います。ひれ伏してでもお願いしたいという強い思いで訴えるときの表現です。「平に」「切に」「くれぐれも」と言い換えて使うこともできます。

## ご無理を承知で申し上げますが
フォーマル度 ★★★

**例** ご無理を承知で申し上げますが、ぜひとも、先生にご執筆いただきたくお願い申し上げます。

**使い方▶**恐縮しながらも相手に承諾してもらいたいときに使います。「ご無理を承知で」は相手に負担をかけることを申し訳なく思いながら、「そこを何とか」という思いが込められています。「ぜひとも」がさらに切望を強調します。

**Tips!** 依頼のメールでは、簡潔明瞭に、何日の何時までに何の目的で何をしてほしいのかをきちんと伝えましょう。

# お願いします　　理解を求める

## 内情をご理解いただき　　フォーマル度 ★ ★ ★

**例** 内情をご理解いただきまして、
再度のご検討をお願いいたします。

> **使い方▶**いたしかたない事情があって、依頼をするときに使います。話せる範囲の内情は説明したうえで依頼をしますが、詳しく説明できない場合は、「詳しいことはご説明できないのですが～」と言い換えて理解を求めるようにします。

## 当方の事情をご賢察のうえ　　フォーマル度 ★ ★ ★

**例** 当方の事情をご賢察のうえ、
ご承諾いただけますようお願いいたします。

> **使い方▶**上と同じような使い方をしますが、少し形式的な感じがします。「賢察」は推察することの尊敬語。事情を察していただき、承諾してほしいという気持ちを込めます。「ご勘案」「ご高察」としても使えます。

## 何とぞ窮状をお察しいただき　　フォーマル度 ★ ★ ★

**例** 何とぞ窮状をお察しいただき、
ご配慮いただけますようお願い申し上げます。

> **使い方▶**「窮状」は困り果てている様子を意味します。「内情」や「事情」より切羽詰まったニュアンスがあるので相手に緊迫感を与えます。「お察しいただき～」は、「お汲み取りいただき～」、「ご賢察のうえ～」と同じような意味で使います。

# お願いします　依頼の理由

## このうえは○○様にお願いするほかなく　フォーマル度 ★★★

**例**　このうえは新田様にお願いするほかなく、
ご相談させていただきました。

> **使い方▶**資金繰りや重大な決断を迫られたときに、内情を説明して相談するときに使います。切迫した状況の中で「お願いするしかなく」というフレーズは、相手の気持ちを動かします。誰に相談するかを見極めることが大切です。

## ご相談できるのは○○様だけですので　フォーマル度 ★★★

**例**　ご相談できるのは秋川様だけですので、
お力添えをお願い申し上げます。

> **使い方▶**窮状を訴えて対処をお願いするシチュエーションのときばかりでなく、式典でのあいさつや役員就任のお願いなどをするときにも使います。「お頼みできるのは〜」とも言えます。

## 他に頼るところもございません。　フォーマル度 ★★★

**例**　他に頼るところもございません。ぜひ、お力添えを
いただけますようお願い申し上げます。

> **使い方▶**ニュアンスは上の例と似ていますが、個人を特定していませんので、受けた本人は義務感を感じることが少なく、押しの強さはありません。「他に心当たりもなく〜」と言い換えることもできます。

## ご検討ください　　　検討を促す

### ご検討いただけますか。　　フォーマル度 ★

**例** 心苦しいお願いですが、予算の都合上、値引きをご検討いただけますか。

> **使い方▶**「検討」はお願いの気持ちを含む言い回しです。「検討してください」では命令調なので、「いただけますか」と問いかけるようにすると、表現がやわらかくなり、相手も受け入れやすくなります。

### ご検討をお願いできますでしょうか。　　フォーマル度 ★★

**例** 貴社の製品を納入したいのですが、注文数によって値引きのご検討をお願いできますでしょうか。

> **使い方▶**相手から提示された条件などがこちらと合わないとき、こちらから条件を提示して、それについて検討してもらいたいことを示すフレーズです。「〜ますでしょうか」は二重敬語ですが、一般に認知されている表現なので使ってもおかしくありません。

### ご一考いただければ幸いです。　　フォーマル度 ★★★

**例** 下記の条件で、ご一考いただければ幸いです。

> **使い方▶**上と同様に、こちらの条件を検討してもらいたいと願うときの表現です。「一考」は一度よく考えてみること。「熟考」のように時間をかけて十分に考えるというより、いろいろなことを考慮して検討してくださいという意図になります。

## クッションことば　お願い

### 差し支えなければ

フォーマル度 ★★★

**例** 差し支えなければ、ご解約の理由を
お聞かせください。

**使い方▶**「差し支えなければ」は依頼事をするときに、一方的にならないようにするクッションことばです。「差し支え」は都合の悪い事情、支障を意味し、「なければ」をつけることで相手を尊重しながら依頼をするフレーズになります。

### ご面倒をおかけしますが

フォーマル度 ★★★

**例** ご面倒をおかけしますが、もう一度貴社の住所を
教えていただけますか。

**使い方▶**相手にしてもらう行為の前に添えることで「ご面倒をおかけし恐縮です」といった謝意を表現しています。「お手数をおかけします」も同様に使います。

### 重ね重ね申し訳ありませんが

フォーマル度 ★★★

**例** 重ね重ね申し訳ありませんが、もう一度メールをお送りいただけませんか。

**使い方▶**何度も依頼をするときのクッションことばとして使います。「重ね重ね」は同じことを繰り返すという意味のほかに、「くれぐれも」「重々」という意味から、「念入りに相手に頼み込む、心情の深さを相手に伝える」という意味もあります。「重ね重ね」に続ける内容で使い分けできます。

**クッションことば** お願い

## ずうずうしいお願いで申し訳ありませんが　フォーマル度 ★★☆

**例** ずうずうしいお願いで申し訳ありませんが、
撮影器具をお貸しいただけないでしょうか。

**使い方▶** やむにやまれぬ事情があって依頼をするときに使います。「ずうずうしい」は「恥を知らない、厚かましい」様子。「失礼なことは十分わかってはいますが」という気持ちを表現しています。比較的、無理なお願い事をするときによく使われます。

## まことに申し上げにくいことですが　フォーマル度 ★★★

**例** まことに申し上げにくいことですが、
月々の取引数量の変更をお願いいたします。

**使い方▶** 言いにくいことをあえてお願いするときに使います。例文のように変更や料金の値上げなど、相手にとってはデメリットとなる話なので、よく説明したうえで使うようにします。

## ご迷惑も顧（かえり）みずのお願いで　フォーマル度 ★★★

**例** ご迷惑も顧みずのお願いで恐縮ですが、
私どもの講演会にご登壇いただきたく
お願い申し上げます。

**使い方▶** 相手が多忙だったり、簡単には受けてもらえない状況にあることを知っていながらもお願いしたいときに使えるフレーズ。「ご迷惑も顧みず」ということばを使って、ご負担をおかけして申し訳なく思う気持ちを伝えます。

| クッションことば | お願い |

## 恐縮ですが
フォーマル度 ★★☆

**例** 恐縮ですが、京都支店の住所が変わりますので、登録の訂正をお願いいたします。

> **使い方▶**「恐縮」は「恐れて身が縮む」という意味ですが、実質的にはそれほどの強い意味はなく、申し訳ない気持ちを表します。よく無理をきいてもらう相手には「いつもお願いばかりで恐縮ですが」としても。

## ぶしつけなお願いで失礼ですが
フォーマル度 ★★☆

**例** ぶしつけなお願いで失礼ですが、弊社の新商品カタログを一度ご覧いただけませんか。

> **使い方▶**差し迫った状況の中で無理を言って依頼を聞き届けてもらうような場合の表現です。普段あまりお付き合いのない相手や目上の方に懇願するときに使えます。「ご多忙のところ大変恐縮ですが〜」などの表現も使えます。

## 厚かましいお願いとは存じますが
フォーマル度 ★★★

**例** 厚かましいお願いとは存じますが、一度、ご面談の機会をいただけませんでしょうか。

> **使い方▶**無理な依頼と承知しつつ、あえて頼み込むときのフレーズです。メールの用件の頭に、あるいはこちらの状況を詳しく説明した後で、最後の締めの一文のクッションことばとして使います。

クッション
ことば

# お願い

## まことに申しかねますが　　　フォーマル度 ★★☆

**例** まことに申しかねますが、
仕入れ値段の割引率の検討をお願いします。

**使い方**▶特に依頼の内容が言い出しにくい場合に使われます。例文のような「割引率の検討（値下げを要求）」や入金のお願い、また「まことに申しかねますが貴意に添いかねます」などと、お断りにも使えるクッションことばです。

## ご迷惑をおかけするのは心苦しいのですが　　　フォーマル度 ★★☆

**例** ご迷惑をおかけするのは心苦しいのですが、
一部色を変更していただきたくお願いいたします。

**使い方**▶納期などが迫っている時期に、変更をお願いして負担を強いるときに使います。負担の程度はさまざまですが、ビジネス文書の中では、よく使われています。「お手数をおかけして申し訳ありませんが」といった意味合いでも使われます。

## 身勝手きわまる申し入れだということは　　　フォーマル度 ★★★

**例** 身勝手きわまる申し入れだということは承知しておりますが、完成を半月ほど早めることは可能でしょうか。

**使い方**▶こちらの都合に合わせた、勝手な依頼事に使われます。金銭に関する申し入れや、受注の中止など負担の大きい依頼事に使うことが多いほか、こちらに非がある場合にも使います。

## クッションことば　お願い

### 急なお願いで恐れ入りますが
フォーマル度 ★☆☆

**例**　急なお願いで恐れ入りますが、
至急、最新版の図書目録をお送りくださいますか。

**使い方▶** こちらの都合で依頼事を受けてもらうときに用いるフレーズです。「急なお願い」「至急」などの依頼事には、メールに加えて電話でも連絡しておくと間違いがありません。また、相手にも都合がありますから、理由を理解してもらえる説明を用意して伝えましょう。

### 勝手なお願いで申し訳ないのですが
フォーマル度 ★★☆

**例**　勝手なお願いで申し訳ないのですが、
アンケートへのご協力をお願い申し上げます。

**使い方▶** こちらの都合で依頼するときによく使う表現です。「勝手なお願いで申し訳ない」と前もって断ることで、相手の迷惑を顧みず依頼する失礼をお詫びしています。

### 唐突なお願いで失礼かと存じますが
フォーマル度 ★★☆

**例**　唐突なお願いで失礼かと存じますが、
ぜひ、先生にセミナーにてお話しいただきたく
お願い申し上げます。

**使い方▶**「唐突」は「前後のつながりもなく急に」という意味。受けてもらえるか返事に確信がなく依頼するときに使います。依頼事項は、相手にわかりやすく説明し、こちらの意図を理解してもらえるような書き方をします。

了解

# わかりました

了解のことば

## ～の件、わかりました。
フォーマル度 ★☆☆

**例** 今朝ほどご連絡いただきました日程変更の件、わかりました。

使い方▶社内や親しい取引先など、あまりかしこまる必要のない相手に、理解したことを率直に伝えます。「わかりました」には、「納得した、理解した」「引き受けた」という意味もあります。

## ～につきましては、納得いたしました。
フォーマル度 ★★☆

**例** 原料高騰の影響を受けての値上げの要請につきましては、納得いたしました。

使い方▶「納得」は、理解して承知するという意味です。何らかの要請があったときに何度か交渉をした結果、相手の事情をよくわかって受け入れたという場合に使います。

## ～の件、かしこまりました。
フォーマル度 ★★★

**例** かねてよりご依頼を受けておりました仕様変更の件、かしこまりました。

使い方▶目上や上位の方からの依頼を承諾するときに使います。「かしこまる」は「依頼などを謹んで承る」ということで、「わかりました」よりも丁寧なことばです。少しかたい感じがするので、社内や親しい取引先の場合には「わかりました」「承知しました」で十分です。

# わかりました

了解のことば

## 了解しました。
フォーマル度 ★☆☆

**例** メニュー変更の件、了解しました。

**使い方▶**「了解」は、内容を把握し承諾するという意味で、「わかりました」よりビジネス向きです。相手の指示や要求を承認したときに使います。メールにかぎらずよく使われますが、「了解＋しました」は丁寧語ですが尊敬語ではないため、目上の方やお客様に使うのは不適切となります。

## 承知いたしました。
フォーマル度 ★★☆

**例** 納品伝票の在庫がなく、納期が遅れるとの件、承知いたしました。

**使い方▶** 依頼の内容を理解して引き受けるときに使う謙譲語です。「了解しました」よりもへりくだった言い回しなので、こちらからの条件を付帯するときには、あまり適していません。女性が使う場合は少しかたい感じを受けるので、「かしこまりました」でもよいでしょう。

## 確かに承りました。
フォーマル度 ★★★

**例** メールにてご連絡いただきましたご注文、確かに承りました。

**使い方▶**「承る」は「引き受ける、承諾する」の謙譲表現になります。「承知しました」よりもさらにかしこまった印象を与えますから、取引の多いお得意先やお客様にメールを書くときに適切なフレーズです。

101

# わかりました

承諾のことば

## 了承しました。

フォーマル度 ★

例　カタログに新規商品が追加される件、了承しました。

使い方▶相手の事情を汲んで、納得したうえで要望を受け入れるときに使われる一般的なフレーズです。相手に安心感をもたれます。女性が使う場合は少しかたい感じを受けるので、「かしこまりました」を使ってもよいでしょう。

## 承諾いたしました。

フォーマル度 ★★

例　10月分支払い延期のお申し入れ、承諾いたしました。

使い方▶「承諾」は相手の要望を聞いて受け入れることで、「承知」と同じ意味ですが、それよりも少し重みをもたせたいときに使います。受け取り方によっては横柄に感じることもあるので、使い方に気を付けましょう。

## 今回限りということで
## お受けいたします。

フォーマル度 ★★

例　このような件に関しましては
　　今回限りということでお受けいたします。

使い方▶気の進まない依頼などで、今回は仕方なく引き受けるが今後はやらないということを、遠回しながらはっきりと相手に伝えるフレーズです。「今回限りと考えていただきたく」と言い換えることもできます。

# 了解しました

了解のことば

## 大丈夫です。

フォーマル度 ★☆☆

**例** シフト変更の件、私は大丈夫です。

使い方▶了解するときのごく一般的なフレーズです。「大丈夫」は「危なげがなく安心できる」こと。「別に大丈夫です」とすると相手に投げやりな返事のように誤解されてしまうこともありますから気を付けましょう。

## そのまま進めていただけたら

フォーマル度 ★☆☆

**例** 先日いただきました色見本を確認いたしました。
そのまま進めていただけたらと存じます。
よろしくお願いいたします。

使い方▶相手からの確認事項に対し、問題ない場合に「特に問題ありません」と答えても間違いではありませんが、そっけないのと同時に、高慢な印象を受けることもあるので、目上の方や取引先にはこのように言い換えます。

## 結構でございます。

フォーマル度 ★★☆

**例** 貴誌への掲載許諾の件、
ご提示いただいた条件で結構でございます。

使い方▶「それでかまいません、問題ありません」の意味で使えるフレーズですが、肯定にも否定にもとれるので、「〜していただいて結構でございます」などと書き添えて、誤解を招かないように気を付けます。「結構です」は敬語ではないので、「結構でございます」とします。

# やります

承諾に添えることば

## お役に立てればうれしいです。
フォーマル度 ★☆☆

**例** 周年行事で使用する題字の件、了解しました。
私でお役に立てればうれしいです。

**使い方▶**依頼を引き受けた際に添える、謙虚な表現です。「役に立つ」はその役目を担う能力があること。「私でご期待に応えられるのか心配ですが、お引き受けします」なども使えます。また、「うれしいです」に代えることばとしては「光栄です」があります。

## 私でよろしければ
フォーマル度 ★★☆

**例** 記念式典での司会の件、
私でよろしければお引き受けいたします。

**使い方▶**依頼された役割を引き受けるときのフレーズです。主に講演や原稿執筆など、スキルを問われる依頼に返事をするとき、謙虚に承諾したことを表現します。

## お力になれれば光栄と存じます。
フォーマル度 ★★★

**例** 及ばずながら、今後の貴社のご発展に少しでも
お力になれれば光栄と存じます。

**使い方▶**相手から依頼を受けたときに添えるフレーズです。「力になる」は「役に立つ」という表現よりも積極的な印象があります。「及ばずながら」を添えると謙虚な感じを与えます。

# やります

承諾に添えることば

## 喜んで〜させていただきます。

フォーマル度 ★☆☆

**例** 一日体験教室での講師の件、
喜んで務めさせていただきます。

**使い方▶**「ぜひにも」といった積極的な姿勢の快諾を伝える場合に使います。「〜」の部分に場面には「協力」「尽力」など、応じたさまざまなことばを入れて使うことができる便利なフレーズです。

## ご期待に添えれば幸いです。

フォーマル度 ★★☆

**例** 社員育成講座の講師の件、お受けいたします。
ご期待に添えれば幸いです。

**使い方▶**「期待」は、相手がこうなってほしいと考えていること。その期待に応えることができれば、とひと言添える表現です。「お役に立てれば〜」と同程度の意味合いです。

## 謹んでお受けいたします。

フォーマル度 ★★★

**例** 新規参入のお申し入れ、謹んでお受けいたします。

**使い方▶**「謹んで」は敬意を表して「うやうやしく物事をするさま、かしこまって」という意味です。依頼を謙虚に承諾するなかに喜んでやるという気持ちを含みます。社内で辞令などを受けるときの返答に使うこともできます。

# やります

承諾のことば

## お引き受けします。
フォーマル度 ★☆☆

**例** 新入社員歓迎会の幹事をお引き受けします。

**使い方▶** 社内や親しい相手の依頼に応えるフレーズです。社外からの依頼に対しては「お引き受けいたします」とします。どちらの場合でも、「やります」よりも責任を負うという意味が含まれます。

## お受けしたいと存じます。
フォーマル度 ★★☆

**例** 新規お取引につきまして部内で検討いたしました。
お受けしたいと存じます。

**使い方▶** 依頼の内容を熟慮のうえ、引き受けるときに使います。「存じます」は「思います」の謙譲語で、目上の方や取引先からの依頼への返信に適しています。

## 受託いたしました。
フォーマル度 ★★★

**例** お申込みいただきましたプレス機導入の案件は、
下記のとおり受託いたしました。

**使い方▶**「受託」は頼まれて引き受けること。これに尊敬を表す「いたします」をプラスして、より丁寧に表現します。条件、規約などを伴う、比較的重要な申し入れに対して、引き受ける場合に使います。

---

**Tips!** 了解のメールはできるかぎり早く返信することで、相手へ誠意を伝えることができます。また、受け取った側も内容が確実に伝わったと安心できます。

# やります　承諾のことば

## おやすいご用です。
フォーマル度 ★☆☆

**例** フードコートへの派遣の件、おやすいご用です。
即、対応いたします。

使い方▶「おやすいご用」は「全然苦にならない、気楽にできること」という意味合いがあります。「面倒なことをお願いして申し訳ない」と恐縮している相手にとっては、快く受けてくれたという印象が残ります。ただし、使えるのは同僚や親しい人にのみで社外の人には不適切です。

## 快くお受けいたします。
フォーマル度 ★★☆

**例** 食事療法だけのご相談も快くお受けいたします。
ご質問がありましたら、
HPからお問い合わせください。

使い方▶先方からの依頼を受けるときに使います。「快く」は「さわやかに感じられる」という意味がありますから、相手の依頼を気安い感じで受けるときに使います。

## おまかせください。
フォーマル度 ★★☆

**例** ご注文変更の件につきましては、
どうぞ私におまかせください。

使い方▶「おまかせください」は、相手にはとても力強く頼もしく感じられる承諾のフレーズです。ただし、メールは後に残りますから、言質をとられてしまいます。最後までしっかり責任をもって遂行しましょう。

107

# 満足です　　　理解・納得の表現

## 問題ありません。　　　フォーマル度 ★★☆

**例** 総会資料は全員で確認しました。
これですべてそろいましたので、問題ありません。

**使い方▶** 依頼されたことが、きちんと満たされたときの返事に使います。完璧になっていれば「まったく問題ございません」と言い切った返事にすると、相手も安心します。

## 支障ございません。　　　フォーマル度 ★★☆

**例** 納品期日を守っていただければ、工程途中における
多少の遅れは当社に支障ございません。

**使い方▶** 相手から説明を受けたことを了解するときのフレーズです。「支障ない」は、物事が進行を妨げる原因になっていないことを言います。相手に安心感を与える言い回しです。

## 申し分ございませんでした。　　　フォーマル度 ★★★

**例** 納品いただきました商品は、申し分ございませんでした。
ありがとうございます。

**使い方▶** 「申し分ない」は結果やでき上がりに対して、何の不満な点も認められないときに使います。予想以上に満足していますという気持ちが表れているので、相手は安堵できます。

## Column ビジネスにふさわしい敬語をマスターする

　社会人として正しい敬語を使えることは基本中の基本。押さえておきたい敬語のポイントは、Part 6「ビジネス敬語のヒント(→P 228)」で紹介していますので参考にしてください。ここではもうひとつ、「敬語の基本」以外で気を付けたい「バイト敬語」を紹介します。これは、ファミレスやコンビニで使われる独特なことばのことで、日常的に使われ、違和感のない人もいるかもしれませんが正しい敬語ではありませんので注意しましょう。

例：× 「千円からお預かりします」
　　○ 「千円お預かりいたします」

　　× 「以上でよろしかったでしょうか」
　　○ 「以上でよろしいでしょうか」

　また、「ご注文のほうはこちらで」といった「〜のほう」という言い方、「〜的には」「〜っていうか」「微妙」といった若者ことばも卒業し、ビジネスシーンにふさわしい敬語を使えるようにしていきましょう。

### ●バイト敬語からビジネス敬語に言い換える例

| バイト敬語、若者ことば | ビジネス敬語 |
|---|---|
| お名前のほうは | お名前をお聞かせいただけますか |
| ○○様でございますね | ○○様でいらっしゃいますね |
| 英語とかお得意ですか | 英語はお得意ですか |
| 自分的には | 個人的な意見としましては |
| 微妙ですね | 判断が難しいところですね |

催促

# どうしましたか　　　状況うかがい

## その後いかがでしょうか。　フォーマル度 ★☆☆

例　本日、素案をいただく予定でしたが、その後いかがでしょうか。

使い方▶「いかが」は、「どのように」と様子をうかがうことば。一度、進捗状態を聞いた際に不安を感じ、さらに回答を催促する場合に使います。期日に余裕があるうちに連絡するとよいでしょう。

## どのような状況かお聞かせ願えますか。　フォーマル度 ★★☆

例　ご回答をお待ちしておりますが、どのような状況かお聞かせ願えますか。

使い方▶「どのような」と聞きながらも「早くしてほしい」という要望が含まれる表現です。いろいろな場面で、プレッシャーを与えつつ、問い合わせをするときに活用できます。

## いかがなりましたでしょうか。　フォーマル度 ★★★

例　デザイン変更の件は、いかがなりましたでしょうか。

使い方▶相手の状況を探りつつ、穏便に催促する言い回しです。「届いていないようですが」といった婉曲な表現を入れると、相手に不愉快な印象を与えずに確かめられます。

> **Tips!** 催促のメールでは、ぶしつけにならないよう配慮が必要です。また、誤解を回避するため、日時や数字などははっきり示しましょう。

# どうしましたか

状況うかがい

## 何らご連絡がございませんが　フォーマル度 ★★☆

例　何らご連絡がございませんが、
　　その後いかがなりましたでしょうか。

使い方▶納品や支払いなど、約束事が遅れているにもかかわらず、何の連絡もない非礼に対して不快感を表し、返信を強く促すフレーズです。メールはそのまま記録として残りますから、あまりに対応が悪いときには「本日現在、何らご連絡がありません」と日付を明記した表記にしてもよいでしょう。

## いまだ〜のお返事に接しませんが　フォーマル度 ★★☆

例　いまだ事業計画案のお返事に接しませんが、
　　いかがなりましたでしょうか。

使い方▶「連絡に接しない」は「連絡がない」ことと同じ意味です。「ない」という直接的な表現をやわらかく伝えます。相手の対応を促すには、不満をぶつけるよりも事実を伝え、行動してもらえるようにすることが大切です。

## その後、ご連絡がないままに　フォーマル度 ★★☆

例　新雑誌のプレゼンに参加させていただきましたが、
　　その後、ご連絡がないままに、結果を案じております。

使い方▶連絡を待ちかねたうえで、催促をする表現です。何も実行されず、丁寧な表現のなかにも連絡もないので事情がつかめず不安な気持ちが表れています。

# 困っています

当方の状況

## 困っております。

フォーマル度 ★☆☆

**例** 事務処理ができずに、とても困っております。

**使い方▶** 相手を責めるのではなく、こちらが困惑していることを直接的に伝える表現です。相手を不必要に刺激せず、歩み寄りたいときなどに利用価値があるフレーズ。社外には「大変困惑いたしております」とします。

## 不都合をきたしかねません。

フォーマル度 ★★☆

**例** 貴社からの原料の仕入れ予定がうかがえず、ラインの確保に不都合をきたしかねません。

**使い方▶** 取引相手のはっきりしない対応によって、悪い状況を招きかねないことを率直に伝え、相手の応答を催促する表現です。すでに迷惑をこうむっている場合には「支障をきたしております」と伝えてよいでしょう。

## どうしたものかと苦慮しております。

フォーマル度 ★★★

**例** 搬入日をすぎても遅延のご連絡もないままに、どうしたものかと苦慮しております。

**使い方▶** 「苦慮」は、解決方法を苦心していろいろ考えることです。「苦慮している」で深刻さを出し、相手に問題点を伝えて催促します。例文では商品が未着で連絡もなく、大変な思いをしているのだと問題提示しています。

# 困っています

当方の状況

## 現状をお知らせください。
フォーマル度 ★★★

**例** 当方にも都合がありますので、
メールにて現状をお知らせください。

**使い方▶** 依頼事に対して、大幅な遅れが出ているときに催促する表現です。「当方にも都合が〜」で相手の遅れによって、今後の予定が変わってきてしまうことを訴えて対処を促します。現状をメールで知らせてほしいと依頼することで、プレッシャーを与えられます。

## 見通しが立たず、困惑しています。
フォーマル度 ★★★

**例** 今現在、貴社からのご返答がいただけていません。
弊社側も今後の見通しが立たず、困惑しています。
至急、ご連絡ください。

**使い方▶**「見通しが立たず」とすることで、こちらの仕事に支障が出ていることを伝えます。切羽詰まった状況を伝えることで、相手に早い対処を催促するフレーズです。

## 支障をきたしかねません。
フォーマル度 ★★★

**例** このまま納品が遅れてまいりますと、
春の物産展の開催に支障をきたしかねません。

**使い方▶** 相手の対応次第で複数の関係者にリスクが発生する可能性が考えられるときの催促です。最初に依頼したときの納期に間に合わなければ、大きな支障が発生すると訴えることによって、相手の善処を期待します。

## 返事を待っています　連絡・対応の催促

### すぐにご連絡ください。　　　フォーマル度 ★☆☆

> 例　問い合わせの電話が多く、大変困惑しております。
> すぐにご連絡ください。

**使い方▶**「すぐに」というフレーズは、「急いで」という緊迫度を感じさせます。同僚など対等な立場の相手に対応を求めるときに使うカジュアルな表現です。社外の場合は、「至急、ご連絡をいただけますようお願いいたします」とします。

### 迅速なご対応をお願い申し上げます。　　フォーマル度 ★★☆

> 例　すでに大幅に遅れております。
> 迅速なご対応をお願い申し上げます。

**使い方▶**どんな相手にも使える、至急の対応を促す一般的な表現です。こちらが事前に何度も連絡を入れているにもかかわらず、何のアクションもないとき、相手のミスから発生したトラブルで対応してほしいときなどに使います。

### 至急ご一報いただけますよう　　　フォーマル度 ★★★

> 例　本メールをご覧になりましたら、
> 至急ご一報いただけますようお願い申し上げます。

**使い方▶**「至急ご一報いただけますよう」という表現で、丁寧さのなかにも「すぐに」という強制力を感じさせることができます。詳細な具体的な内容ではなく、とりあえずのものでもかまわないので返信が欲しいというニュアンスがあります。

# 返事を待っています　連絡・対応の催促

## 至急ご回答願います。
フォーマル度 ★★☆

**例** お客様への対応もございますので、
破損製品の原因につきまして、至急ご回答願います。

> **使い方▶** トラブルが発生したときに、相手に至急、原因究明をし、回答を願うときに使います。例文のようにお客様への対応など、こちらの都合を理解し、回答を願う緊急性を感じてもらうようにします。

## 誠意ある対応を
## お願い申し上げる次第です。
フォーマル度 ★★★

**例** 何とぞ誠意ある対応をお願い申し上げる次第です。

> **使い方▶** 相手に誠意ある姿勢が見られない場合には、「誠意ある対応を」という抗議に近い表現で強く催促をします。こういうときには、あえて丁寧な言い回しをすることで、相手にプレッシャーをかけることができます。

## 確実なところのお返事を
フォーマル度 ★★★

**例** 事情をご理解いただき、確実なところのお返事を、
至急いただきたく存じます。

> **使い方▶** 「確実な、返事を、至急に」という3つのことばで、こちらの切迫した状況を伝えるフレーズ。「見通しが立たずに困っている」と窮状を訴え、まずは回答だけでも得たいという気持ちを丁寧な言い回しのなかにも込めています。

# 期日が過ぎました　連絡・対応の催促

## 締め切り日を過ぎましたが　　フォーマル度 ★☆☆

**例**　15日の締め切り日を過ぎましたが、
まだ出張精算書が提出されていません。

使い方▶約束した期日を過ぎたときに、催促する一般的な表現です。日時を明記することで、遅れていることを強く意識させます。「本日現在～」とすると、さらに確認してからの催促であることを認識させ、相手の実行を促します。

## お約束の期日にいたりましても　　フォーマル度 ★★☆

**例**　お約束の期日にいたりましても、
いまだ納品されていません。

使い方▶お互いに了承した期日になっても物事が実行されていないことへの催促に使います。具体的な日付を入れてなくても、「約束の期日」ということで相手には十分用件が伝わります。

## いかがされたものかと案じております。　　フォーマル度 ★★★

**例**　納期がすでに1週間ほど過ぎておりますが、
いかがされたものかと案じております。

使い方▶「いかがと案ずる」は、相手の事情を心配している、気遣うという意味です。催促をするという意味では、かなり遠回しの表現です。こちらの配慮がわかる相手には有効ですが、相手によってははっきり催促であることを伝えたほうがよいでしょう。

# 期日が過ぎました

連絡・対応の催促

## 至急、〜にてご連絡ください。　フォーマル度 ★☆☆

**例** 状況がわからずに現場がストップしています。
至急、お電話にてご連絡ください。

**使い方▶** 同僚など、共に作業を進める仲間に使える催促の表現です。「至急」によって、相手に早急な対応を求めます。例文のように「お電話にてご連絡ください」と具体的に連絡方法を指定し、至急連絡が欲しい実態を訴えます。

## 現在まだ〜をいただいておりません。　フォーマル度 ★★☆

**例** 現在まだ、原稿をいただいておりません。
至急、メールにて送付をお願いいたします。

**使い方▶** 納入日や締切日のある依頼事に遅れが出ているときに催促をするフレーズです。さらに「本日現在」という具体的な日時を伝えれば、相手に締め切り時間を認識させてプレッシャーを与えます。

## すでにお約束の期限は過ぎております。　フォーマル度 ★★★

**例** すでにお約束の期限は、大幅に過ぎております。
善処していただきますよう重ねてお願い申し上げます。

**使い方▶**「大幅に過ぎて」とはっきりとした日時を明記せずに、ソフトな言い回しで催促しています。急を要しているときには、「期限は5日も過ぎています」と事実を明記して行動を促すようにします。

# 期日が過ぎました　催促の前置き

## 何かの手違いかとも思いますが　フォーマル度 ★☆☆

例　何かの手違いかとも思いますが、15時現在、パンフレットが会場に届いておりません。

使い方▶「手違い」は手順や手配の間違いのこと。催促の前置きとして使います。「何か事情があることと思いますが」という、催促のなかに相手への気遣いを表現したフレーズです。

## ご事情はお察ししますが　フォーマル度 ★★☆

例　ご事情はお察ししますが、開店日も迫っておりますので、至急お手配ください。

使い方▶催促の前に使われる、相手の事情を考慮するフレーズ。気遣いつつもこちらの現状をはっきり報告して、すぐに対処してもらえるように「至急お手配ください」というフレーズも入れておきます。「いろいろとご事情はおありでしょうが」なども使えます。

## ご多忙のためのご失念かと存じますが　フォーマル度 ★★☆

例　ご多忙のためのご失念かと存じますが、請求書が届いておりません。

使い方▶「失念」とはうっかり忘れてしまうこと。ぶしつけな催促とならないよう「忙しくてお忘れのことかと思いますが」と前置きして使います。よりフォーマルな表現に「ご繁忙のためと拝察いたしますが」があります。

## Column 返信の催促は、「届いていますか？」の確認から

　メールのデメリットのひとつに、送ったメールを相手が読んでくれたかどうかわからないというものがあります。一般にメールへの返信は 24 時間以内に、というのが共通認識となっていますので、1 日程度は待つつもりでいましょう。

　確実に返信が欲しい場合の最良の方法は、メール送信時に「〇月〇日までにご確認のうえ、返信をお願いします」と、返信の期日を指定することです。

　期日になっても返信がない場合には、「返事をください」の催促ではなく、「メールは届いていますでしょうか？」という確認のメールを送ります。届いていなかったり、迷惑メールに振り分けられてしまったりすることも、まれに発生します。それでも返信がないときは、電話でメールが届いているか確認します。

　どの段階であるにせよ、一方的に相手を責めてはいけません。また、返信の内容に迷っているということも考えられます。そのような場合はやはり、電話か会って話すという手段を取るのが解決への早道でしょう。

抗議

# 抗議します

状況説明

## 迷惑をこうむっています。
フォーマル度 ★★☆

**例** お約束を守っていただけない状況に、
非常な迷惑をこうむっています。

**使い方▶**相手の誠意ない対応に抗議し、苦情を述べるフレーズです。相手の過失から不利益や迷惑が生じていることを伝え、早急に善処してくれることを願う言い回しです。

## 困惑するばかりです。
フォーマル度 ★★☆

**例** 貴社の納品遅延への対応に困惑するばかりです。

**使い方▶**相手の対応が悪く、対処の方法が得られずとまどっていると抗議するときに使います。

## 弊社の信用にもかかわる事態となっております。
フォーマル度 ★★☆

**例** 度重なるトラブルのためお客様にご迷惑をおかけし、
弊社の信用にもかかわる事態となっております。

**使い方▶**事情を知らない第三者にまで迷惑が及んでいることに言及し、相手に重大な過失があることを認識させるフレーズです。「信用」というビジネスシーンにおいて重要となることばを用いることは効果的です。

**Tips!** 抗議のメールでは、感情が文面に出やすくなります。前面に出てしまうと問題点の論拠があいまいになってしまう場合があるため、論拠を明確に打ち出すことがポイントです。

# 抗議します

不服の表明

## 納得できません。
フォーマル度 ★☆☆

**例** 完成間近での突然の中止には
納得できません。

使い方▶業務命令において進行していたものの突然の中止や変更を命じられたときなど、社内での抗議、訴えに使うフレーズです。社外の場合は「納得いたしかねます」「納得しかねるところです」と少しやわらかくします。

## 承服いたしかねます。
フォーマル度 ★★☆

**例** ご説明もなく取引中止というのは、
当社としては承服いたしかねます。

使い方▶相手からの身勝手な申し出には従うことはできない、という毅然とした言い回しです。抗議をするときは多少かしこまった言い方のほうが、かえって怒りを相手に感じさせることができます。

## 遺憾に存じます。
フォーマル度 ★★★

**例** 再三お願いしたにもかかわらず、
ご入金がいただけず、はなはだ遺憾に存じます。

使い方▶「遺憾」は、こちらが期待したようにならず「残念に思うこと」の意です。相手の対応に対する失望感を伝えながら善処を願うフレーズです。

# 対処してください　　対処を求める

## ご配慮をお願いします。　フォーマル度 ★

**例** 早急に対処いただけますよう、ご配慮をお願いします。

**使い方▶**「配慮」は、気を遣う、気を配るという意味。抗議としてはやわらかいフレーズですが、良心に訴えかける表現です。「ご配慮のほどよろしくお願いします」とも言い換えられます。

## 迅速な対処をお願い申し上げます。　フォーマル度 ★★

**例** 貴社の信用問題にもかかわるかと存じますので、何とぞ迅速な対処をお願い申し上げます。

**使い方▶** 業務優先の真摯（しんし）な気持ちを伝え、一刻も早い適切な処置をお願いするためのフレーズです。また、「貴社の信用問題にもかかわる」は、相手の不利益になることを指摘することでプレッシャーを与えられるため、抗議の方法として有効です。「すみやかに善処していただきたく」とも。

## しかるべき対策を申し入れる次第です。　フォーマル度 ★★

**例** このうえは、しかるべき対策を申し入れる次第です。

**使い方▶**「このうえ」は、「事がこのようになったからには」という意味で、ここにいたるまで何の対策もとってこなかった相手への強い憤（いきどお）りを感じさせます。「しかるべき」は「適切な」「当然の」という意味で、当然とるべき対応を強く要求する姿勢を表します。

# 対処してください

対処法を示す

## ～するのが筋かと思います。　フォーマル度 ★☆☆

**例** 返品されてきたものは、製造担当に引き継ぐのが筋かと思います。

**使い方▶**「筋」は物事の道理、正しい道ということ。相手の考えが正当な方法とずれているときなどに、どうするべきか自分が正しと思う考えを伝え、やんわり抗議する表現です。

## ～されるのが適切な措置かと存じます。　フォーマル度 ★★☆

**例** 僭越（せんえつ）ながら、販売を一時中止されるのが適切な措置かと存じます。

**使い方▶** 具体的な方法を提示し、そうすることが適切な措置とわかりやすい言い回しを使ってこちらの思いを伝えます。文頭に「出すぎた発言で申し訳ないが」というクッションことばをつけて、案を受け入れてもらえるようもっていきます。

## ～することが最良の方途（ほうと）かと存じます。　フォーマル度 ★★★

**例** 今回の出展を見送ることが、貴社にとって最良の方途かと存じます。

**使い方▶**「方途」は物事を解決するための方法。具体的な方法を提示し、「現状を解決するにはこの方法しかない」という意味を込めます。例文のように「貴社にとって～」をつけると、さらにプレッシャーを与えられます。

# 注意してください

注意を促す

## 注意してください。

フォーマル度 ★☆☆

**例** 来年度ではこのようなことが起こらないように、注意してください。

**使い方▶**相手のミスが原因でトラブルが起きたときに、今後、同じ過ちを繰り返さないようにクギを刺すフレーズです。抗議文としてはそれほどのインパクトはありませんが、どんなトラブルにも使えます。

## 十分な注意を喚起(かんき)する次第です。

フォーマル度 ★★☆

**例** 今後、同じような失態を繰り返さないよう、十分な注意を喚起する次第です。

**使い方▶**同じようなトラブルを起こさないように用心して注意をするように提言し、相手の意識の向上を促します。責めるだけでなく、協力し合う気持ちを伝えることも大事なことです。「厳にご注意いただきたく」と言うこともできます。

## ご忠告申し上げる次第です。

フォーマル度 ★★★

**例** 今後、同じ過ちが起きないよう、僭越(せんえつ)ながらご忠告申し上げる次第です。

**使い方▶**「忠告」は真心をこめて相手の過ちを戒(いまし)め諭(さと)すことです。したがってこの場合は、「出すぎたことを申しますが、今度のことについて忠告させていただきます」という表現で、相手に今後の対応のしかたを喚起しています。

# 訴えます

出かたを見る

## 最悪の場合は　　　　　　　　　　　　　フォーマル度 ★★★

**例** 残念ですが最悪の場合は、
法的処置をとることになるかと思われます。

**使い方**▶このような話はあまりメールでやりとりをすることはないと思いますが、前段階の対応にしびれを切らして、勧告の意味合いをもって表現するくらいはあるかもしれません。このような事態にならないよう、早めに対処します。

## 期日までにご返答のない場合には　　　　フォーマル度 ★★★

**例** 期日までにご返答のない場合には、
しかるべき措置をとることになろうかと思われます。

**使い方**▶再三の依頼に反応がない相手に対して、対応を迫るときの表現です。期日までに何らかの対応がなければ、「こちらもそれなりの対策をとります」と宣言することによって、早急の返事を待ちます。

## 今後の推移次第では　　　　　　　　　　フォーマル度 ★★★

**例** 今後の推移次第では、何らかの措置を
とらざるを得ないものと考えます。

**使い方**▶相手のこれからの対応によっては、こちらもいろいろと考えているということを伝えています。「何らかの措置」として具体的に言わないこともその表れで、相手の善処を期待しています。

# 訴えます

最後通告

## 何らかの措置をとりたいと思います。 フォーマル度 ★★

例） 事態が改善されませんので
何らかの措置をとりたいと思います。

使い方▶「措置」は、事態に応じて必要な手続きをとる、始末をつけること。再三の抗議にも対応しない相手に措置をとることを明言する表現。「何らかの措置」には、賠償などの法的措置という意味をほのめかしています。

## しかるべき処置をとらせていただきます。 フォーマル度 ★★

例） このうえは、しかるべき処置をとらせていただきます。

使い方▶「しかるべき」は、「きちんとした」「適当な」の意味。「何らか」より強い表現になります。こちらの抗議にも応じない相手にしびれを切らせ、いよいよ強制的に処置を行うことを明言するものです。

## お取引停止の選択肢も考えざるを得ないと存じます。 フォーマル度 ★★★

例） 不誠意な対応が続いておりますので、
お取引停止の選択肢も考えざるを得ないと存じます。

使い方▶取引停止という重い措置をほのめかし、強く抗議するフレーズです。これで相手からの反応がなければ、メールでの対応は無理というところまできています。

# 訴えます

最後通告

## 法律上の手続きをとる所存でございます。 フォーマル度 ★★★

**例** ご回答いただけない場合、
法律上の手続きをとる所存でございます。

> **使い方▶**何度も回答を求めたのにもかかわらず、回答が得られない場合に、これ以上は待てないという意思表示を込めたフレーズです。「法律上の手続きをとる」という表現で切迫感を感じさせます。

## 法的措置に訴える所存です。 フォーマル度 ★★★

**例** やむを得ず法的措置に訴える所存です。
今後の改善策を書面にてお知らせください。

> **使い方▶**トラブルに対して何の反応もない相手に、訴訟などの法的措置による解決法しかないことを明らかにします。相手に猶予をもたせるなら「法的措置に訴えることになろうかと〜」くらいの表現にして対応を待ちます。

## しかるべく対処する覚悟でございます。 フォーマル度 ★★★

**例** 弊社顧問弁護士とも相談し、しかるべく対処する
覚悟でございますので、その旨ご了承のうえ、
ご対応くださいますようお願い申し上げます。

> **使い方▶**弁護士と具体的に出し、法的措置もいとわない姿勢に真実味が増すフレーズです。「その旨ご了承のうえ」とすることで、対応しなかった場合に訴訟になってもいいのですね、と念押しする形になります。

## クッションことば　抗議

### 不本意ではございますが　　フォーマル度 ★★☆

**例**　はなはだ不本意ではございますが、
この処置をとらざるを得ません。

> **使い方▶**「不本意」は、「自分の本当の望みとは違っている（＝本意ではない）」という意味。自分は嫌だが、いたしかたないという表現になります。「本意ではございませんが」「不本意ながら」とも使えます。

### やむを得ず　　フォーマル度 ★★☆

**例**　貴社からの入金が確認できない場合には、やむを得ず取引停止等の手続きをとらせていただきます。

> **使い方▶**「やむを得ず」は、「仕方がなく、しようがなく」という意味。前または後に示したことが唯一の手段であることを示し、それを実行するしかないということを表します。「やむなく」とも使えます。「やむを得ず」の「を」を「お」としないように気を付けましょう。

### 大変申し上げにくいことですが　　フォーマル度 ★★☆

**例**　大変申し上げにくいことですが、
このたびの貴社のご対応には困惑いたしております。

> **使い方▶**相手のミスをついての抗議というのは誰しもしたいものではありません。そこで「言いにくいけれど」というニュアンスをもつクッションことばを入れ、こちらの言いたいことをソフトに伝えます。

## Column 誤解を招くあいまいな表現はやめよう

　メールを書く際、つい、あいまいな表現を使ってしまうことがありませんか？　内容が決定事項でない場合や自分の考えに確信がもてない場合、あるいは相手に遠慮するあまり、意識的にあいまいにする場合などもあるでしょう。あいまいな表現とは、「～と思います」「～のはずです」「～かもしれません」「恐らく」「なるべく」「時間があれば」「できる範囲で」というようにはっきり言い切らない（言い切れない）表現です。

　あいまいな表現は相手に意図が通じないばかりか、相手側の都合で理解されたり、誤解が生じてトラブルになったりすることもあります。ビジネスメールではあいまいさを排除して、具体的で明瞭な文章を心がけましょう。

### ●あいまい表現を具体的な表現にする例

| あいまいな表現 | 具体的な表現 |
| --- | --- |
| 今日中に、明日中に | 今日（明日）の 17 時までに |
| 今週中に | 今週の木曜日までに |
| 週明けに | 月曜日に |
| 朝イチに | 朝 10 時までに |
| なるべく早く | 20 日までに |
| 多くの、多数の | 200 人前後の、などの数を示す |
| ～と思います（～と思われます） | ～です |

お断り

# お断りします

断りのことば

## お断りします。
フォーマル度 ★☆☆

例　大変残念ではありますが、お断りします。

使い方▶断るときの基本となるフレーズです。「残念」と入れることで、本当は応えたいのですが、という気持ちが伝わります。対外的には「お断り申し上げます」とします。

## 〜のため、お断りしております。
フォーマル度 ★☆☆

例　繁忙期にあたりますため、
　　取材はお断りしております。

使い方▶その相手にかぎらず、一切断っているというニュアンスが伝わるフレーズです。交渉の余地がない理由を明確に伝えます。

## お断りせざるを得ません。
フォーマル度 ★★☆

例　弊社のコンセプトとは異なるため、
　　残念ながらお断りせざるを得ません。

使い方▶申し入れを検討した後に明瞭な理由に基づき断るフレーズ。前文に「条件が合わない」「予算が合わない」など理由を示し、相手が納得できるように誠意を尽くします。要望だった場合には「お応えすることはできません」とします。

> **Tips!** お断りのメールは返事が早ければ早いほどよいでしょう。返事を先延ばしにすると、相手に期待をさせてしまうからです。後になって断るほど相手の落胆は大きくなり、関係を悪化させる可能性があります。

# お断りします

断りのことば

## お受けできません。

フォーマル度 ★☆☆

**例** お心遣いはうれしいのですが、
社の規定によりお受けできません。

**使い方▶**相手からの心遣い、贈り物などを断りたいときに使えます。「お心遣いはうれしい」と気遣いへの感謝を伝えながらも、「ですが」とすることで、遠慮したいことを予測させます。「お気持ちは本当にうれしいのですが」でも。

## 遠慮させていただきます。

フォーマル度 ★★☆

**例** 申し訳ございませんが、
今回のお話は遠慮させていただきます。

**使い方▶**相手の申し出を丁寧に断る定番フレーズ。この場合の「遠慮」は「辞退すること」を意味します。「遠慮」を「ご遠慮」にすると、二重敬語になりますので気を付けましょう。

## お気持ちだけ頂戴します。

フォーマル度 ★★☆

**例** 結構なお話ではありますが、
お気持ちだけ頂戴します。

**使い方▶**相手の気持ちには感謝しつつも、立場上受け入れることができないことをうかがわせます。相手が引かない場合は「会社の規則である」などと伝えるとよいでしょう。

# お断りします　断りのことば

## これまでどおりにお願いします。　フォーマル度 ★★★

**例** 他への影響から、今回のみの仕様変更には
応じられないため、これまでどおりにお願いします。

**使い方▶** 継続的に行ってきたことは今回だけでなく、これからも変えられないということを遠回しに伝えます。変えられない明確な理由を示したほうが納得してもらえます。

## 認められません。　フォーマル度 ★★★

**例** 厳しいことを申し上げるようですが、
次の工程に影響が出ますので、
納期の変更は認められません。

**使い方▶** 「認める」は物事に支障がないので相手の要望を受け入れること。否定形として用いると「認められない＝許可できない」となります。あまりきつく伝えたくない場合は「申し訳ありませんが」などのクッションことばを入れるとよいでしょう。

## 承(うけたまわ)ることは困難でございます。　フォーマル度 ★★★

**例** この時点での設計変更を承ることは
極めて困難でございます。

**使い方▶** 認められないことを直接的なことばを使わず伝えるフレーズです。目上の方など、かしこまる相手からの要求にも失礼にならない断りのフレーズです。

# お断りします

断りのことば

## 難しい状況です。
フォーマル度 ★☆☆

例 弊社のシステムでは、
お引き受けするのは難しい状況です。

使い方▶「難しい状況」は「要望をかなえることが不可能な状態」という意味。はじめにきちんと応えられない理由を述べてから、ゆえに〜という展開でこのフレーズをもってきます。

## 見送らせていただくほかなく
フォーマル度 ★★☆

例 この件につきましては見送らせていただくほかなく、
お力になれず申し訳ありません。

使い方▶「見送らせていただくほかなく〜」のフレーズで、やんわりと断る表現方法です。融資の依頼など、切羽詰まった相手への返事に適しています。依頼に応えられない謝罪のクッションことばを添えましょう。

## 私の一存では決めかねます。
フォーマル度 ★★☆

例 当社の商品掲載はとてもありがたいお話ですが、
私の一存では決めかねます。

使い方▶「お断りします」や「できません」とはっきり表明すると角が立ちそうな場合に、上記の「難しい状況です」などと同様に使います。また、返事を保留したいときの定番フレーズでもあります。自分より上の立場の意見が必要であるというニュアンスもあるので「上司と相談いたしまして後日改めてご連絡申し上げます」と続けることもできます。

# お断りします　　辞退のことば

## お受けすることはできません。　フォーマル度 ✹ ✹ ✹

**例** せっかくのお申し出ではありますが、残念ながらお受けすることはできません。

**使い方▶** 依頼事項を辞退するときのストレートな言い回しです。「できません」は直球のため、クッションことばを添えましょう。もう少し丁寧な表現に「お受けいたしかねます」があります。

## ～のため、お引き受けできない次第です。　フォーマル度 ✹ ✹ ✹

**例** 検討いたしましたが、当方のノウハウでは対応できないため、お引き受けできない次第です。

**使い方▶** 「～次第」は状況説明や原因説明をするときによく使われることばです。そのため前文には、受けられない理由を挙げて断りのフレーズとします。

## 承るのは厳しいとの結論に達しました。　フォーマル度 ✹ ✹ ✹

**例** 申し上げにくいことではございますが、ご提示の金額で承るのは厳しいとの結論に達しました。

**使い方▶** 申し入れをきちんと検討したことが伝わるフレーズです。「～と判断しました」とも言い換えられます。

> **Tips!** 「できない」と断るときなど、「受けられない」と直接的なことばではなく、「受けることは困難」などと、「肯定＋打消しのことば」を使うようにしましょう。文字から受けるマイナスの印象をやわらげることができます。

# お断りします

辞退のことば

## 辞退させていただきます。
フォーマル度 ★★☆

**例** この件に関しましては辞退させていただきます。

**使い方▶** 依頼を断る一般的な表現です。「お断りします」よりも自分が一歩引いて退くというニュアンスがあり丁寧です。よりフォーマルにすると「謹んでご辞退させていただきたく存じます」などとなります。

## 辞退せざるを得ません。
フォーマル度 ★★☆

**例** ご納得いただけないということであれば、辞退せざるを得ません。

**使い方▶** 無理な条件を提示されたり、辞退を迫られたりするときに使います。相手の譲歩が得られず、辞退しかないという判断の提示になりますから、けんか腰にならないように注意しましょう。さらに丁寧にするなら、「ご辞退申し上げるほかございません」となります。

## ご要望には添いかねます。
フォーマル度 ★★☆

**例** 慎重に検討させていただきましたが、残念ながらご要望には添いかねます。

**使い方▶** 「添いかねる」で「あなたの要望にかなうようにはできない」という意味になります。「〜かねます」ではかたすぎると感じる場合は、「〜することができません」に言い換えるとソフトな印象になります。

# お断りします

辞退のことば

## まだ荷が重すぎます。　　　フォーマル度 ★☆☆

**例** チームリーダーなどの大役をお引き受けするのは、
私にはまだ荷が重すぎます。

**使い方▶**大役を依頼されて断るときの定番フレーズです。自分の力量よりも負担や責任が大きいので、まだまだその能力がないと謙遜（けんそん）して断ることができます。「まだ力不足です」とも言い換えられます。

## 勘弁していただきたく存じます。　　　フォーマル度 ★★☆

**例** 落成式でのスピーチだけは
勘弁していただきたく存じます。

**使い方▶**「勘弁」は過ちを許すという意味。依頼を辞退することを許してくださいと伝えるフレーズです。男性的なことばなので、女性の場合は「お引き受けしかねます」「ご容赦ください」などにします。

## ご容赦賜りたく存じます。　　　フォーマル度 ★★★

**例** 非常に心苦しいのですが、
何とぞご容赦賜りたく存じます。

**使い方▶**公的なものや重要な依頼を断る定型文です。へりくだって許しを請う形で辞退を表明します。「容赦」は「勘弁」とすることもできます。

> **Tips!**
> 「力不足」と似ている単語に「役不足」がありますが、「割り当てられた役に不満を抱くこと」という意味のため、誤用すると、謙遜するつもりが高慢な態度になってしまいますので注意しましょう。

# お断りします

不要を伝える

## 今のところ必要ありません。

フォーマル度 ★☆☆

**例** せっかくのご推薦ですが、今のところ必要ありません。

**使い方▶** 勧誘や営業に対して、断りを表す言い回しです。平たく言ってしまえば「今はいらない」ということになり、今後の可能性をにおわせながらも拒否の意向を伝えることができます。

## 不要にございます。

フォーマル度 ★★☆

**例** 今のところ営業車を変更する予定がありませんので、貴社のカタログは不要にございます。

**使い方▶** 営業の案内などを断る場合に使われる表現です。「今のところ」と断りの決まり文句を入れて、はっきり「必要はない」と拒否の意思を示します。

## ご遠慮申し上げます。

フォーマル度 ★★★

**例** せっかくのお申し出ではございますが、ご遠慮申し上げます。

**使い方▶** シンプルでそっけなく感じるがゆえに、本当に必要ないことが伝わります。クッションことばを添えれば、ソフトな印象をもたせることができます。さまざまなお断りシーンで話しことばとしても使えるフレーズ。「遠慮させていただきます」でもよいでしょう。

> クッション
> ことば

# お断り

## 不本意ながら
フォーマル度 ★★★

**例** 不本意ながら、お力になれず申し訳ありません。

**使い方▶** 辞退するのは自分の望みではないけれど、と伝えるクッションことば。用途の範囲が広く、辞退するいろいろなシチュエーションで使えます。「お力になれず」は「お役に立てず」「ご協力できず」などに言い換えられます。

## ご期待に添えず
フォーマル度 ★★★

**例** ありがたいお話ですが、
ご期待に添えず申し訳ありません。

**使い方▶**「ありがたいお話ですが」と感謝の気持ちを伝えるフレーズを前文に使うことによって、謝意を込めつつ丁重にお断りする表現になります。「ご希望に添いかね」なども使えます。

## 力不足で
フォーマル度 ★★★

**例** 私どもの力不足で申し訳ございませんが、
ご了承くださいますようお願い申し上げます。

**使い方▶** 依頼や指示を断るとき、罪悪感をもって謝る場合に適しています。工夫を重ねて調整を試みたもののできなかったという場合にも使えるフレーズです。

> **Tips!** 断りのフレーズを使うときは、断る理由がたとえ正当でも、相手は多少なりとも気分を害するため、礼儀を心得た、ソフトな印象にするクッションことばを入れるようにしましょう。

## クッションことば お断り

### 心苦しいのですが
フォーマル度 ★☆☆

**例** 大変心苦しいのですが、
今回のお話はお引き受けすることができません。

使い方▶「心苦しい」は、申し訳なく思うさま、気がとがめるという意味。「お引き受けしたいのはやまやまですが」という気持ちを表現することで、相手に断っても納得してもらうことができます。

### 申し訳なく存じますが
フォーマル度 ★★☆

**例** 申し訳なく存じますが、貴社のご要望には添いかねます。

使い方▶「申し訳ありませんが」と謝罪してから辞退を告げるフレーズ。残念な結果となったことに申し訳なさを感じていることを含ませています。むげに断っているわけではないことが伝わります。

### まことに残念ではございますが
フォーマル度 ★★☆

**例** まことに残念ではございますが、
ご辞退させていただきたく存じます。

使い方▶「まことに残念ではございますが」は断りのクッションことばとしてよく使われるフレーズです。一見、形式的にも感じられますが、依頼を断られる相手に、少しでも気持ちをやわらげてもらおうとする気持ちはビジネス上、大切なことです。

## クッションことば　お断り

### あいにくですが　　　　　　　　　　フォーマル度 ★★★

**例** あいにくですが、その日は予定が入っていまして、出席することができません。

**使い方▶**「あいにく」は期待や目的にそぐわないさまを意味し、依頼に添えないことを伝えるときのクッションことば。これは自分にやむを得ない理由があって断るときに使うことばです。飲み会などに誘われて予定があり、参加できないときに使えます。

### せっかくのお話ですが　　　　　　　　フォーマル度 ★★★

**例** せっかくのお話ですが、今回は見送らせていただきます。

**使い方▶**「せっかく」は、「せっかくの好意を無駄にする」あるいは「せっかくだけど断る」などの意味があります。この場合は「ありがたいお話だけど」という感謝の気持ちと、断る残念さを表現しています。

### 願ってもない機会ですが　　　　　　　フォーマル度 ★★★

**例** 願ってもない機会ですが、海外出張と重なるため、辞退させていただくほかありません。

**使い方▶**「願ってもない機会」とは望んでもかないそうもないチャンスということ。貴重な機会を逃して残念でしょうがないけれど、どうにもできない事情でお断りせざるを得ないことが伝わります。次にまた声をかけてもらいたい旨の一文を添えてもよいでしょう。

### クッションことば お断り

## よく考えさせていただきましたが
フォーマル度 ★★★

**例** よく考えさせていただきましたが、今回はご遠慮いたします。

> 使い方▶依頼を受けるつもりで熟考を重ねたものの、引き受けられる条件が整わなかったことを伝えるフレーズ。結論を出すまでの気持ちを訴えつつ、結論として断っています。

## お力になれず
フォーマル度 ★★★

**例** このたびのご依頼にお力になれず、お詫び申し上げます。

> 使い方▶「力になる」は、「援助する」「助ける」こと。「お力になれず」で自分の不徳といたすところとし、お詫びすることで相手の依頼を辞退することを表現しています。

## 身に余るお話ではありますが
フォーマル度 ★★★

**例** 身に余るお話ではありますが、諸事情のためご遠慮させていただきたく存じます。

> 使い方▶「身に余る」は、自分にはもったいないこと、分不相応と謙遜する表現です。お断りするのは自分の不徳のいたすところというニュアンスがあります。

確認・問い合わせ

# 教えてください

問い合わせ

## お問い合わせします。

フォーマル度 ★☆☆

**例** スプリング感謝セールの詳細について
お問い合わせします。

> 使い方▶質問や問い合わせをするとき、内容を問わず幅広く使えます。ただし、緊急性や重要度を感じさせないため、使い分けるようにしましょう。

## おうかがいいたします。

フォーマル度 ★★☆

**例** 新製品プロモーションの進捗状況について
おうかがいいたします。

> 使い方▶問い合わせするときに使う、一般的なフレーズです。ここでの「うかがう」は「聞く」「尋ねる」の謙譲語になります。

## ご照会申し上げます。

フォーマル度 ★★★

**例** 貴社の取引規約につきまして
ご照会申し上げます。

> 使い方▶「問い合わせ」をビジネス向きに表した「照会」は、「〇〇照会の件」のように、メールの件名によく使われます。かしこまった表現なので、契約書などのかたい内容に関する問い合わせに適切です。

> **Tips!** 「お問い合わせ」「おうかがい」「おたずね」「ご照会」は、語尾を「〜します」→「〜いたします」→「申し上げます」と変えることで、より丁寧な言い方にすることができます。これは他のことばにも応用できるので覚えておくと便利です。

# 教えてください

問い合わせ

## 教えていただけますか。　フォーマル度 ★☆☆

**例** 資金援助制度について、教えていただけますか。

**使い方▶**質問をするときのシンプルな表現です。丁寧にすると「お教えいただきたく存じます」になります。また、相手にとって少し面倒な問い合わせや特別な情報をもらうときには、教えを請うというニュアンスがある「お教え願います」が適しています。

## お聞かせ願いたく存じます。　フォーマル度 ★★☆

**例** 忌憚(きたん)のないご意見を
お聞かせ願いたく存じます。

**使い方▶**差し障りのない事務的な回答を求めるというよりも、意見や感想など、相手の率直な意見をお願いする場面で使います。「忌憚」は、「はばかること、遠慮すること」という意味で、「忌憚のない意見」というのはタブーや遠慮なしに意見を、という決まり文句です。

## お知恵を拝借したいのですが　フォーマル度 ★★★

**例** 役員の選定についてお知恵を拝借したいのですが、
お時間をいただけないでしょうか。

**使い方▶**目上の方に相談をもちかけるときのフレーズです。「拝借」は「借りる」ことをへりくだって表現し、「あなたの豊かな知識をぜひお借りして、よい方向に導きたい」という姿勢がうかがえます。

143

# 確認です

確認を依頼

## 確認をお願いします。

フォーマル度 ★☆☆

例　いまだ荷物が届いていませんので、
確認をお願いします。

使い方▶相手の弁明にもかかわらず、トラブルが解決しないときに使います。「確認してください」と表現するよりもソフトな感じになります。社内の同等な立場の人に使いましょう。社外の場合は「ご確認いただけますか」「調べていただけますか」などとします。

## 〜について把握したく

フォーマル度 ★★☆

例　雇用条件について把握したく、
おうかがい申し上げます。

使い方▶「把握」とすることで、確認したいという要求を事務的にならないように表現しています。「把握」は「十分理解する」という意味であり、問い合わせの項目に真摯（しんし）に向き合っていることを印象づけます。

## 確認したい点がございます。

フォーマル度 ★★★

例　確認したい点がございます。
ご回答いただければ幸いです。

使い方▶話し合った内容に疑問を感じたときなどに問い合わせる場合に用います。「確認したい点」をこのフレーズの下に箇条書きにして回答を求めることができます。あるいは電話で話したい、時間を頂戴したいと申し入れてもよいでしょう。

# 確認です

確認を依頼

## 念のため確認したいのですが　　フォーマル度 ★★★

**例** 念のため確認したいのですが、
打ち合わせは明日の午前中で間違いありませんか。

使い方▶社内や親しい関係の取引先への問い合わせで使えます。予定は入っているが、それで間違いないか再度確認させてもらいたくて問い合わせをしたというニュアンスのあるフレーズです。

## 確認のため　　フォーマル度 ★★★

**例** 先ほど口頭でお伝えした件につきまして、
確認のため、メールを差し上げております。

使い方▶「確認のため」と「念のため」は同義語ですが、「念のため」は使い方によって、「あなたが忘れると困るから念押しです」という意味も含まれるため、上司や目上の方には失礼にあたる場合があります。自分が正確に伝達できたか不安なので、確認のためにという意味合いにします。

## 今一度確認させていただきたく　　フォーマル度 ★★★

**例** 恐れ入りますが、今一度確認させていただきたく、
ご照会申し上げます。

使い方▶以前にも問い合わせをした事項を、再度確かめる場合のフレーズです。「今一度」は「もう一度」を強調した、かたい表現です。打ち解けている間柄なら「再度、確認させてください」でもよいでしょう。

# 確認です

認識の共有

## 〜でよろしいでしょうか。

フォーマル度 ★☆☆

**例** 明日の打ち合わせは、本社会議室でよろしいでしょうか。

**使い方▶** 連絡事項を確認する社内メールで使われるフレーズです。多忙で会議の予定などを忘れがちな同僚や上司などに、このように疑問形でメールをして、予定の再確認を促します。

## 〜願えましたでしょうか。

フォーマル度 ★★☆

**例** 写真加工の料金表は、お送り願えましたでしょうか。

**使い方▶** 依頼したことを相手に確認するときの言い回しです。「〜でしょうか」という疑問形式で問い合わせることで、「手配されているとは思いますが」という気遣いが感じられます。スケジュール的に相手が対応できる段階で送りましょう。

## ご確認いただけましたでしょうか。

フォーマル度 ★★☆

**例** お送りしました賀詞交換会のスケジュール表は
ご確認いただけましたでしょうか。

**使い方▶** 資料や予定表などを送っても相手から反応がないときに、確認してくれたかどうか打診する表現方法です。相手がメールの添付資料に気づかない、あるいは迷惑メールに振り分けられているかもしれない場合に有効です。

**Tips!** 確認・問い合わせのメールは、相手からの回答を引き出し、今後のお付き合いを発展させるためのものです。確認・問い合わせをする理由、内容、回答期限などは明確に書くようにしましょう。

# 確認です

状況の問い合わせ

---

## どのようになっていますか。
フォーマル度 ★☆☆

**例** 約款(やっかん)に見当たりませんでしたが、
支払い条件はどのようになっていますか。

**使い方▶**不明点を確認したいときによく使われるフレーズです。ただし、読み手の取り方次第で、こちらの感情がうまく伝わらず、怒って不満を訴えているように感じられることもあるため、前後の内容でカバーしましょう。

---

## いかがでしょうか。
フォーマル度 ★★☆

**例** 今年度実施されている
調査の進捗状況はいかがでしょうか。

**使い方▶**「いかがでしょうか」は、単純に今の状況が知りたい、どんな具合か知りたい、連絡がないが進んでいるか確認したい（催促のニュアンス）など、使い方次第で含みをもたせてたずねることもできる便利なフレーズです。

---

## おたずね申し上げます。
フォーマル度 ★★★

**例** 貴社における個人情報の取り扱いについて
担当の方におたずね申し上げます。

**使い方▶**ここでの「たずねる」は「質問をする」という意味。「どのようになっていますか」というニュアンスが強いので「誰に何についてたずねるのか」を具体的に明記します。

147

## クッションことば　確認・問い合わせ

### 勘違いかもしれませんが　　　　フォーマル度 ✹✹✹

**例** 私の勘違いかもしれませんが、
本日納品予定の商品がまだ到着しておりません。

**使い方▶** こちらに非はないけれど、「勘違いかもしれませんが」というフレーズでソフトに問いただします。ただし、本当にこちらの勘違いであった場合、人間関係トラブルに発展しかねないので、きちんと確認してから連絡をとるようにします。「何らかの手違いかとも」とも言い換えられます。

### 心得違いかもしれませんが　　　　フォーマル度 ✹✹✹

**例** 心得違いかもしれませんが、金型のでき上がりは
明日の午前中ではありませんでしょうか。

**使い方▶**「心得違い」は「思い違い、誤解」という意味で、「こちらが思い違いをしているかもしれませんが」という謙譲の気持ちを表しています。ミスを思い起こさせて、早く対処してもらえるようにします。

### 記憶違いでしたら申し訳ございませんが　フォーマル度 ✹✹✹

**例** 当方の記憶違いでしたら申し訳ございませんが、
冬物商品は2月までの展示ではありませんか。

**使い方▶** 相手のミスをつつく文面の前にこちらにも非があるかのような一文と謝罪を置いて文面をやわらかくし、確認を要求するフレーズです。

# Column 返信の「うっかり忘れ」を防ぐ

　さまざまな仕事に追われているうちに、気付いたらメールの返信を忘れていた、ということは誰にでもある経験ではないでしょうか。しかしビジネスでは「忘れた」では通用しません。
　この「うっかり忘れ」を防ぐためにできるアイデアをご紹介。

### うっかり忘れを防ぐアイデア

- メールの頭に、フラグ（旗マーク）をつけておく。
- 一度「返信」を押して、返信を書く状態にしておく。
- 該当メールを「未開封にする」の処理をして太字にしておく。

【フリーメールソフトの Gmail の場合】
- 該当メールに「スター（★）マーク」をつける。
- 「返信待ち」のラベルを貼る。
- 「優先トレイ」に入れておく。

　また、「うっかり忘れ」とは異なり、メールは読んだもののすぐに結論が出せない、あるいは、返信する時間がないなどの理由から「仕方がなく保留」にすることもあるでしょう。
　しかし、自分が返信を待つ身だとすれば、読んだのか読んでないのか、あるいは届いてないのか、と不安になりますね。そこで、そういった場合には相手の気持ちを汲んで「受け取りました」というメールを送り、「検討しているので、〇日まで時間をください」と一文を入れておきましょう。

送付・受領

# 送りました

送付のことば 😊

## お送りしました。
フォーマル度 ★☆☆

**例** 添付ファイルにて、アンケート用紙をお送りしました。

**使い方▶**メールから宅配まで、相手に品物を送ったことを伝えるときの定番フレーズです。例文のように、書類をメールに添付して送る場合には作成ソフト名も明記しておくと相手のパソコンで開けるかどうか判断ができるので親切です。

## 発送いたしました。
フォーマル度 ★★☆

**例** 5月6日にご注文いただいた商品は、本日発送いたしました。

**使い方▶**「発送」は物を送り出すことです。したがって、自分の行為に尊敬語は使いませんから、「～した」の謙譲語、「～いたしました」を使い「発送いたしました」にします。注文時の日付、発送日、到着予定日、伝票番号などを明記しておくと間違いを減らせます。

## 送付させていただきました。
フォーマル度 ★★☆

**例** ご依頼の商品カタログを、送付させていただきました。

**使い方▶**「送付させていただきました」は「ご送付いたします」の丁寧にした言い回しです。相手からの要望に応えての行為なので「～させていただく」が使えます。

> **Tips!** 送付・受領のメールは電話と異なり、相手に負担をかけることなく相互確認ができます。タイムリーに送信することがポイントです。

# 送りました

受け取り確認を促す

## 送付しましたので到着まで少々お待ちください。
フォーマル度 ★☆☆

**例** 企業案内書を送付しましたので到着まで少々お待ちください。

**使い方▶**品物や資料を送ったときに使います。何らかのトラブルで品物が届かずじまいになることがないように、相手に発送を知らせておくフレーズです。

## ご検収（けんしゅう）くださいませ。
フォーマル度 ★★☆

**例** ご依頼の商品を宅配便でお届けしますので、よろしくご検収くださいませ。

**使い方▶**商品を発送したことを連絡するときに使うフレーズです。「検収」は納入された品物が発注どおりか、あるいは品物に不備などはないか検品して受け取ることです。相手にも商品が発注どおりに納められているか、確認をお願いするものです。

## ご査収（さしゅう）くださいませ。
フォーマル度 ★★☆

**例** 郵送にて請求書をお送りしましたので、よろしくご査収くださいませ。

**使い方▶**「ご査収」は「よく調べたうえで受け取ること」という意味。書類を送る際のカバーレターやFAXの送信状などにもよく使われています。受け取り後に書類の内容をよく確認することを促します。

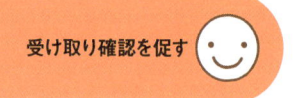

# 送りました　受け取り確認を促す

## お受け取りください。　フォーマル度 ★☆☆

**例** 郵送にて社内報をお送りしましたので、
お受け取りください。

**使い方▶** 書類や品物などこちらから発送したものの受け取りを依頼するときに使います。「店頭にてお受け取りください」のように、直接の受け渡しを指示する場合にも使います。

## ご領収くださいませ。　フォーマル度 ★★☆

**例** 本日、簡易書留にて小切手を郵送いたしますので
よろしくご領収くださいませ。

**使い方▶**「領収」は広くは受け取ることの意。金品を受け取って納めるという意味もあります。「ご領収ください」は現金や手形、小切手などの金品を送るときに使います。

## 謹呈いたします。　フォーマル度 ★★☆

**例** アンケートご記入いただきましたお礼として
図書カードを謹呈いたします。
お品は郵便でお送りいたしますのでご確認ください。

**使い方▶**「謹呈」は「品物を差し上げること、謹んで差し上げる」という意味です。贈り物を贈るときに使い、「進呈」とも使います。「贈呈」は公式の場であらたまった気持ちで贈るときに使います。

# 送りました

贈答品を贈る 😊

## ご笑納（しょうのう）ください。
フォーマル度 ★☆☆

**例** ささやかなものですが、ご笑納ください。

**使い方▶**「笑納」は「つまらないものですが、笑って受け取ってください」という謙遜の気持ちを表したことばです。贈り物をするときに添えますが、ごく親しい人にだけ使います。目上の方には「お納めください」などにします。

## お納めください。
フォーマル度 ★★☆

**例** 先日は大変お世話になりました。
心ばかりの品ですが、宅配便にてお送りしましたので、どうぞお納めください。

**使い方▶** 相手に金銭や贈り物など、品物を送るときのことばです。「どうぞ」や「よろしければ」をつけると、相手に「受け取ってください」というお願いの気持ちが表現できます。

## ご受納くださいませ。
フォーマル度 ★★★

**例** つきましては、心ばかりの記念品を
お送りいたしましたので、ご受納くださいませ。

**使い方▶**「受納」は贈り物の金品を受けて納めること。「お納めください」と同じように使われますが、よりフォーマルな表現となります。「何とぞご受納くださいますようお願い申し上げます」と書くこともできます。

# 送りました

目通しの依頼 😊

## 目を通してください。

フォーマル度 ★

**例** 薬事法に関する記事を添付しました。
必ず目を通してください。

**使い方** ▶「目を通す」は敬意表現ではないので、社内の同僚や目下の人に閲覧してほしいときに使うフレーズです。目上の方へは「目をお通しいただけますか」などとします。

## お目通しいただけますか。

フォーマル度 ★★

**例** 新製品のカタログが完成しましたので、
お目通しいただけますか。

**使い方** ▶上記の例は「〜ください」で終わるフレーズで、命令形で終わっています。目上の方への場合は、この例のように「〜いただけますか」と「もらう」の謙譲語を使用したほうがよいでしょう。

## ご参照いただければ幸いです。

フォーマル度 ★★★

**例** 弊社取り扱い繊維の特徴につきましては
資料を添付しましたので、
ご参照いただければ幸いです。

**使い方** ▶本題に関する資料などを、参考としていただくようにという心遣いで送った場合に使います。相手からの依頼によるものではないので、どのようにして送ったかを明記しておくと親切です。

# 送りました

**目通しの依頼** 😊

## ご覧ください。　　　　　　　　　　　フォーマル度 ★★☆

**例** 新薬の資料を送付いたしましたので、
ぜひご覧ください。

> **使い方▶** 送付したものを相手に見てほしいときに使います。「ご覧になる」は「見る」の尊敬語になるので、取引先などに使うことばとして一般的な言い回しです。「ください」は命令形なので、丁寧に伝えるには「ご覧になっていただけますか」のほうがよいでしょう。

## ご一読いただけますか。　　　　　　　フォーマル度 ★★★

**例** 次回のプレゼンテーションに有用と思われる研究資料をお送りしましたので、ご一読いただけますか。

> **使い方▶** 「一読」は一通り読むこと。送付したことを連絡するとともに、一通り読んでほしいとお願いします。「ご一読いただければ幸いです」とすると丁寧な表現になります。

## ご高覧(こうらん)くださいますようお願い申し上げます。　フォーマル度 ★★★

**例** 郵送にて「校友会だより」をお送りしましたので、
ご高覧くださいますようお願い申し上げます。

> **使い方▶** 「ご高覧」は「ご覧になる」よりさらに相手を敬った言い回しで、目上の方などに見てもらうときに使う表現です。同じ意味で「ご清覧(せいらん)」とも言えますが、こちらは文書に使用します。

# 受け取りました

受領のことば

## 届きました。
フォーマル度 ★☆☆

**例** 本社より送っていただいた議事録が届きました。
次の会議までに確認しておきます。

**使い方**▶品物や書類などが届いたことを知らせる表現です。社内や親しい取引先との受け渡し程度に用い、丁寧にするには、「受け取りました」「いただきました」を使います。

## 到着いたしました。
フォーマル度 ★★☆

**例** 先週ご連絡いただいたシューズのサンプル、
本日到着いたしました。

**使い方**▶品物を受け取ったことを伝える表現です。「着きました」「届きました」よりも丁寧ですが、事務的なことばで敬意表現ではないので、贈り物を受け取った場合には使いません。

## 着荷(ちゃくか)いたしました。
フォーマル度 ★★☆

**例** メールで注文した書籍、先ほど着荷いたしました。
迅速なご対応ありがとうございました。

**使い方**▶荷物を受け取ったことを伝える表現で、「到着しました」と同様に使います。ただし、このことばは自分が注文、依頼した品物が届いたときに用います。

# 受け取りました

受領のことば

## 受け取りました。
フォーマル度 ★☆☆

**例** お願いしていた見積書、確かに受け取りました。
確認して、またご連絡します。

> **使い方▶** 物を受け取ったことを伝える定番フレーズです。事務的ではありますが、「確かに」をつけると相手により安心感を与えます。「もらう」の謙譲語である「いただきました」も使えます。

## 拝受しました。
フォーマル度 ★★★

**例** 宣伝会議の議事録、確かに拝受しました。

> **使い方▶** 「拝受」は「受け取る」の謙譲語で、謹んで受け取るという意味。相手から何かを受け取ったときに使うことばでビジネスシーンではよく使用します。「拝受」は謙譲語なので「いたしました」とはせず「拝受しました」で OK。同義語の「受領」の場合は「受領いたしました」となります。

## 拝領(はいりょう)しました。
フォーマル度 ★★★

**例** 高田様の色紙、確かに拝領しました。

> **使い方▶** 「拝領」は目上の方から「物をいただくこと」ですが、かなり目上の方から受け取った場合やその後代々使える物などについて言います。日常的にはあまり使われませんが、いざというときにすっと書けると一目置かれるフレーズです。

# 受け取りました　　受領のことば

## 〜をいただきました。
フォーマル度 ★☆☆

**例** 物産展の企画書をいただきました。
これから拝見しまして、改めてご連絡します。

**使い方▶**「いただく」は「もらう」の謙譲語で「〜を受け取りました」の意味を表します。「拝見」は「見る」の謙譲語です。「拝受」は書類や物を「受け取ったこと」に重点が置かれ、「拝見」は書類などを「見る」ことに重点が置かれています。

## 受領しました。
フォーマル度 ★★☆

**例** 美容セミナーの参加費、本日確かに受領しました。

**使い方▶**「受領」は金銭や物を正式に受け取ったことを相手に伝えます。そのため、「確かに」をつけて使われることが多いです。

## 頂戴いたしました。
フォーマル度 ★★★

**例** 先ほどは、心温まるお品物を頂戴いたしました。
いつもお心遣いありがとうございます。

**使い方▶**「頂戴」は「もらう」のへりくだったことばで、受け取ったことを言い表します。主に贈答品などを受け取ったときに使います。

> **Tips!** 名前をたずねるときによく使われている「お名前頂戴してもよろしいですか」というフレーズ。一見正しいように聞こえますが、「頂戴する＝もらう」ですので、誤用になります。「教えていただけますか」「うかがってもよろしいですか」などが適切です。

## Column 送信・受信の確認は的確、迅速に

　ビジネスをスムーズに進めるのに不可欠なのは「確認」です。特にやりとりを記録として残せるメールは、打ち合わせ日時の確認、話し合いの決定事項の確認といったやりとりが大きな比率を占めています。こまめに適切に確認をとることにより、トラブルを未然に防ぐことができます。

　書類送付や受領の確認も欠かせません。例えば、メールに添付して送れる書類（ファイル）。ファイルを添付し忘れた経験がある人も多いと思います。そこで「〇〇を添付しますのでご確認ください」とメール本文に具体的内容を記しておけば、受け取った相手に「添付書類がない」と気付いてもらえます。

　宅配便や郵便のやりとりでも、何かを発送したら、メールで発送した品物の内容、日時、到着予定日や時間、場合によっては問い合わせ番号などを明記しておくと親切です。

　受け取った側は早めに「〇〇を受け取りました」というメールを送りましょう。内容まで確認した場合は「〇〇の内容を確認いたしました」、内容の確認が済んでない場合は「内容は後ほど確認し、お返事いたします」とします。

案内

## お知らせです　　開催の案内

### 行います。　　フォーマル度 ★☆☆

**例** 営業局合同の忘年会を下記のとおり行います。
出席される方は、幹事までご連絡ください。

**使い方▶** 会議やイベントの案内に使うフレーズです。事務的に伝えることができるので、社内や親しい取引先への案内に適切です。改めて案内状を出さずに済ませる場合は、出欠席の連絡方法、連絡先を忘れずに入れます。

### 実施することとなりましたので　　フォーマル度 ★★☆

**例** 「特別感謝セール」を実施することとなりましたので、
お手数ですが、商品のご提供をお願い申し上げます。

**使い方▶** 少し大きなイベントの開催案内などに使います。「〜ので」によって準備や計画性を感じさせることができますので、協力や要請をアナウンスするときに適しています。

### 執り行います。　　フォーマル度 ★★★

**例** 添付の案内のとおり、社葬を執り行いますので、
ご参列くださいますようお願い申し上げます。

**使い方▶**「執り行う」は行事や儀式や祭りなどをあらたまって行うことを意味し、「行う」や「催す」よりもあらたまった式典の案内に用います。社葬、慰霊祭などの葬祭では「執り行う」、創立記念などお祝いの式典では「開催」「催す」を使い分けます。

# お知らせです

開催の案内

## 開催します。
フォーマル度 ★☆☆

**例** 10月に新車発表会を開催します。

**使い方▶**「開催する」は「開く」「行う」と同じ意味ですが、大きなイベントや公的な印象を与えます。社内の忘年会や歓迎会など、もう少し小規模なものなら「〜を催します」にするなど、規模を考えて使い分けてもよいでしょう。

## 開催いたすことになりましたので
フォーマル度 ★★☆

**例** 下記のとおり総会を開催いたすことになりましたので、会員の皆様にご案内申し上げます。

**使い方▶** 上記の「開催いたします」の丁寧な言い方。「やっと開催するにいたりました」という重みを感じさせフレーズです。「ご案内申し上げます」で、さらに控えめな丁寧さを出します。

## 開催する運びとなりました。
フォーマル度 ★★★

**例** この度、新社屋落成記念式典を開催する運びとなりました。

**使い方▶** かしこまった表現なので、案内状などにも使われます。メールでは「開催することとなりました」でも十分ですが「運びとなりました」というフレーズで日数をかけ、かなりの準備段階を経てようやく開催にいたるというニュアンスを含ませています。

# 来てください　　参加への呼びかけ

## ふるってご参加ください。　　フォーマル度 ★

例　今年も体育の日に恒例の運動会を催します。
ご家族の皆様をお誘いのうえ、ふるってご参加ください。

使い方▶「ご参加ください」は出席をお願いする定番のことば。また「積極的に」の意味合いをもつ「ふるって」は、主にスポーツ行事への参加を呼びかけるときに使われます。

## お待ち申し上げております。　　フォーマル度 ★★

例　皆様のお越しを社員一同、
心よりお待ち申し上げております。

使い方▶行事などへの参加を促す案内文の締めくくりに使われる定番フレーズです。「お越しを」は「ご来場を」「ご参加を」などに換えられます。また、展示会や発表会の案内などでは、「足をお運びください」としてもよいでしょう。

## ご出席賜りますようご案内申し上げます。　フォーマル度 ★★★

例　ご多忙中の事とは存じますが、
ぜひご出席賜りますようご案内申し上げます。

使い方▶案内文によく使われる「ご出席」に、「賜る」ということばをつけることで、格調高い印象になります。立場が上の方への案内に、礼を失することなく使えます。さらに上位の方へのメールでは「ご臨席賜りますよう」とします。

# 来てください

招待の理由

## ご覧いただきたく

フォーマル度 ★★★

**例** 来月から着物の展示会を行います。
華やかな新作をご覧いただきたく、
ぜひこの機会にお出かけください。

**使い方▶** 送信先の相手に会場に出向いてご覧いただくという行動を促したいときにイベントの魅力を盛り込んで伝えるフレーズ。「ぜひこの機会に」は効果的に作用し、行かなければという気になるでしょう。

## ご高評をいただきたく

フォーマル度 ★★★

**例** ご多忙中恐縮ですが、ぜひともご来場のうえ、
ご高評をいただきたくご案内申し上げます。

**使い方▶**「高評」は「他者による批評」のこと。商品の発表会や展示会に来て、見ていただいたうえで、忌憚のない意見をうかがいたいというときに使います。

## ご訓戒などを承りたく

フォーマル度 ★★★

**例** 経営戦略会議にご出席いただき、
今後の経営方針についてご訓戒を承りたく、
ご案内申し上げます。

**使い方▶** 会議や討論会など議論の場に出席してもらい、アドバイスや忠告を仰ぎたいと伝えるフレーズです。決裁権をもつ執行役員などに新製品の説明会や企画会議に出席を依頼するときにも使えます。

163

# 来てください　　　添えることば

## ご都合がよろしければ　　　フォーマル度 ★★☆

**例** 何かとお忙しい時期ではありますが、
ご都合がよろしければ、ぜひご参加ください。

> **使い方▶**「都合が合えば参加ください」ということで、参加への呼び掛けとしては少し控えめではありますが、どんなシチュエーションでも対応できますし、押しつけがましさがないので好感がもたれます。

## 万障（ばんしょう）お繰り合わせのうえ　　　フォーマル度 ★★☆

**例** ご多忙とは存じますが、万障お繰り合わせのうえ、
ご出席くださいますようご案内申し上げます。

> **使い方▶**「万障お繰り合わせのうえ」は「何とかうまく都合をつけて」という意味で、出席や参加をお願いするときの決まり文句です。ゆえに形式的な感じがしますので、他の部分でぜひ参加してほしい気持ちを伝えましょう。

## ご多忙とは承知しておりますが　　　フォーマル度 ★★★

**例** 丸尾様におかれましては、
ご多忙とは承知しておりますが、ぜひ、
足をお運びいただきますようお願い申し上げます。

> **使い方▶**「お忙しいとわかっておりますが」と相手への心遣いを感じさせつつも、来場をお願いしたいと伝えるフレーズです。目上の方への案内に使えますが、メールは正式なものではありませんから、後日手紙や案内状などで改めて案内します。

# 来てください

添えることば

## お仲間を誘って

フォーマル度 ★★★

**例** お忙しい時期とは存じますが、お仲間を誘って、ぜひ、ご来場ください。

使い方▶送信相手への参加はもちろん、周りへの声掛けもお願いしています。大きなイベントで少しでも参加者を増やしたいときに有効なフレーズです。誘いやすいように来場特典の情報などメリットを明記しても。

## 皆様おそろいで

フォーマル度 ★★★

**例** どなたでもご参加できますので、皆様おそろいでお運びくださいますよう、お待ちしております。

使い方▶送信相手とその周囲の人も含めて参加を促す表現です。多数の人に一斉送信し、案内する場合にも便利なフレーズです。

## ○○様もどうぞご一緒に

フォーマル度 ★★★

**例** 異業種交流会を催しますので中村様もどうぞご一緒に、ご参会いただけますようご案内申し上げます。

使い方▶送信相手とその人に関わる特定の人を誘うときに使われます。企業間の場合は、送信相手と特定の人のほか、所属部署を対象とするときがあります。その場合は「○○課の皆様も」とします。

> **Tips!** 案内状は基本的には、はがきか封書で出すのがマナーです。メールで出す場合には、タイミングを考慮しましょう。

決意・反省

# がんばります

決意のことば

## 努めてまいります。

フォーマル度 ★☆☆

**例** 営業部一同、総力をあげて新規顧客の開拓に
努めてまいります。

**使い方**▶新しい役を担ったときや成績不振でさらなる改善が必要なときなど、反省を込めて今後の抱負を表明するフレーズです。社内メールの場合、「所存でございます」などかたくるしい表現よりこの程度の意思表示が適しています。

## 努力いたす所存です。

フォーマル度 ★★☆

**例** 新任地におきましても、社業の発展に、
全力で努力いたす所存です。

**使い方**▶転勤などをするときのあいさつでよく使われます。「所存」には「心に決めています」という内に秘めた思いが込められ、「努力いたす」にも意志のかたさを表すことができます。同じ意味合いの言い換えに「努める覚悟でございます」があります。

## 全力をあげて
## ～に努める所存でございます。

フォーマル度 ★★★

**例** 全力をあげて社業の繁栄に努める所存でございます。
皆様のご支援を賜（たまわ）りますようお願い申し上げます。

**使い方**▶新天地でのあいさつをかねた決意表明です。「全力をあげて」に決意の大きさを表現しています。また、仲間や関係者へ力添えをお願いするフレーズも忘れずに入れておきましょう。

# がんばります

決意のことば

## 邁進していきます。
フォーマル度 ★★☆

**例** これまでに培ったノウハウを生かし、社員一同、過去最高売り上げを目指して邁進していきます。

**使い方▶**「邁進」は目的に向かって元気よく、迷いなく進んでいくこと。「営業目的の達成に〜」「記録の更新に向かって〜」など、いろいろな場面で挑戦していく力強い姿勢を表明します。

## 〜に精励いたします。
フォーマル度 ★★☆

**例** 皆様のご期待と信頼にお応えするためにも、よりいっそう業務に精励いたします。

**使い方▶**「精励」は「仕事に精を出して励む」こと。新しい職場に就き、気持ちを新たにしてがんばるという気持ちを表します。就任あいさつの定番です。

## 一意専心〜に取り組む所存でございます。
フォーマル度 ★★★

**例** 企画部をこれまで以上に発展させるべく、一意専心、製品開発に取り組む所存でございます。

**使い方▶**「一意専心」は、心をひとつのことに集中することです。したがって、脇目も振らずにそのことに尽力するという意味になり、新しいことに挑戦するときの強い思いを十分に伝えることができます。

# 決意しました

決意のことば

## 決意でおります。

フォーマル度 ★☆☆

**例** 新薬の開発に向けて研究室の皆様と共に、
全力で取り組む決意でおります。

**使い方▶**例は内輪の決意表明ですが、社外メールでも十分使えます。「決意」ということばをそのまま使っていますが、直接的な表現を使うことで、決めたことを実行しようという姿勢が明快に示されています。

## 覚悟でおります。

フォーマル度 ★★☆

**例** 未知の世界ではありますがご迷惑をおかけしないよう、
「日々努力」を胸に専念していく覚悟でおります。

**使い方▶**入社時や移転時の決意表明に使えます。ここでの「覚悟」は、「心構えをもつこと」の意。新天地での不安感もありながら、職務を全うしていこうという強い気持ちを表しています。

## 〜したく存じます。

フォーマル度 ★★★

**例** 皆様のご期待に添えますよう、
より一層業務に邁進いたしたく存じます。

**使い方▶**「存ず」は「思う」「考える」の謙譲語で、ビジネス文書の頻出ワード。このひと言でビジネスパーソンらしいフォーマルなフレーズになる文も少なくありません。より一層邁進するという決意をやや控えめに表明することで、信頼感を与えることができます。

# 努めます

決意のことば

## 一層の努力に努めてまいります。

フォーマル度 ★★★

**例** 今後は名古屋支店の業務拡大に、
一層の努力に努めてまいります。

**使い方▶** 決意を述べる決まり文句といえます。「努めてまいります」は、「一層の努力をしていく」にさらに強い意志を込めた言い方で結ぶ表現です。着任のあいさつとして、よく使われるフレーズです。

## 鋭意努力いたします。

フォーマル度 ★★★

**例** 皆様のお力添えをいただき、
新規開発に鋭意努力いたします。

**使い方▶**「鋭意」は一生懸命に取り組むこと、努力することを表明するため、新しく始めることへの決意を伝えるときに使います。他に「誠心誠意」「精一杯」「さらなる」なども意欲を伝えるのに有効です。

## 繁栄に尽くす所存です。

フォーマル度 ★★★

**例** 社員一同、気持ちも新たに社業の繁栄に尽くす所存です。

**使い方▶** 精一杯働き、尽力しますという姿勢を表しています。「〜に力を尽くす」という使い方で、取引先や会社のために献身的に努力することを伝えます。社内外どちらにでも、決意を表明するときに使えます。

> **Tips!** 決意・反省のメールでは、本文の最後で自身の気持ちを強く訴えます。状況に合わせて思いが伝わることばを選びましょう。

# ご期待に添うよう　添えることば

## 皆様のご期待に添うよう　フォーマル度 ★★☆

**例** 皆様のご期待に添うよう、今までの経験を生かし専心努力してまいります。

**使い方▶**支援してくれる人に対しての決意表明の際に、今後がんばっていくための具体的な目的と方法を折り込んだフレーズです。「ご期待に応えるべく」としてもOKです。

## ご芳志に報いるため　フォーマル度 ★★★

**例** 鈴木様のご芳志に報いるため、一日も早く成果を上げられるよう精励努力してまいります。

**使い方▶**「芳志」は、相手の親切な心遣いを指す尊敬語です。お世話になった相手に対して、報告を兼ねたあいさつをするときに用います。「鈴木様のご厚情に報いるため」などとも言い換えできます。

## 厚いご信頼に応えるため　フォーマル度 ★★★

**例** 社員一同、お客様の厚いご信頼に応えるため、これからも品質向上に向けて精進を重ねてまいります。

**使い方▶**顧客の信頼に社の者が心を一つにして応えることを表明する場合や、組織を代表するような立場に立ったときに使います。「精進を重ね」とすることで、「一生懸命努力し続けることをやめない」という熱い思いが伝わります。

# お役に立てるよう

添えることば

## 手助けになりますよう

フォーマル度 ★☆☆

**例** 少しでも手助けになりますよう、
微力ながらがんばります。

> 使い方▶ かなり控えめなので、決意表明とまではいきませんが、社内間でのやりとりでは十分でしょう。社外メールで使う場合は、頭に「岡田様のために」など、相手を特定するとずっとインパクトが出てきます。

## 歯車となれますよう

フォーマル度 ★☆☆

**例** 一日でも早く、社会の歯車となれますよう、
精一杯努力いたします。

> 使い方▶ 「社会の歯車」という比喩表現を使い、早く一人前になりたい、そのための努力は惜しまない姿勢を示します。会社から必要とされる存在になりたいという意味が込められます。

## 貢献できますよう

フォーマル度 ★★☆

**例** 社業の発展に貢献できますよう、
各部全力をあげて、邁進してまいります。

> 使い方▶ 「貢献する」は「役立つように尽力する」という意味です。この場合は会社の上層部へ向けての決意表明ですが、社会的なことに尽力する場合にも使うことができます。「社業」は「業界」「社会」としても。

# 二度と起こしません　改善への決意

## 気を付けます。　　　　　　　　　　　フォーマル度 ★

**例** 今後はこのような不注意のないよう、
気を付けます。

> **使い方▶** 失敗や問題を起こしたときに、内容に触れずに謝罪と反省を伝えるフレーズです。重大なミスなどの反省としては軽い印象を与える危険もあるので、対外的にはもっとフォーマル度の高いものを使いましょう。

## 厳重に注意いたします。　　　　　　　フォーマル度 ★★

**例** 今後、二度とこのような事故が起こらないよう、
厳重に注意いたします。

> **使い方▶**「厳重」は厳しい態度のこと。部下が起こしたミスを管理者である上司が責任をとって社外に反省を表明するときに使われるフレーズです。部下に対して原因究明をしっかり行い、今後注意を怠らないように自分が徹底すると約束を示すものです。

## 万全の注意を払う所存でございます。　フォーマル度 ★★★

**例** 冬場の商品管理には、
万全の注意を払う所存でございます。

> **使い方▶**「万全の注意」は、完ぺきでまったく手落ちのないよう注意を払うことです。今後決して同じ問題を起こさないことを誓うという強い意志を感じさせます。

# 改善します

改善への決意

## 細心の注意を払ってまいります。
フォーマル度 ★★★

**例** 今後はこのたびのような不手際のないよう、
検査項目を増し、細心の注意を払ってまいります。

使い方▶「不手際」は手際の悪さから不始末や失敗を起こすことの意。不手際によってトラブルを起こした後で、今後の対処方法と二度と繰り返さないという決意を表明します。

## 周知徹底をはかります。
フォーマル度 ★★★

**例** 改めて、クレジットカードでの決済方法について、
担当者全員に周知徹底をはかります。

使い方▶「周知徹底」は関係者に広く伝え、情報の共有を徹底させること。トラブルが発生した場合に会社の方針を関係者に徹底させ、ことに当たらせることを伝えます。

## 改善を行ってまいります。
フォーマル度 ★★★

**例** 今後はこのような不祥事を起こさないよう、
システムを見直し、改善を行ってまいります。

使い方▶「不祥事」は「あってはならない出来事」ということで、一般的によくない事柄で大きな影響を与えた場合に使用することばです。したがって、原因を根本から見直し、対策を立て、注意していくことを表明する手段、方法を入れます。

感心・称賛

# さすがです

褒める

## 感心しました。
フォーマル度 ★☆☆

**例** プレゼンでは幅広い事例が取り上げられていて、事前準備の徹底ぶりに感心しました。

**使い方▶**「感心した」ということばは、目上が目下の者を褒めるときに使います。この例は上司が部下の仕事ぶりを褒める例です。目上の方を褒めるときは「感銘を受ける」「感服する」を使います。

## お手本にさせていただきます。
フォーマル度 ★★☆

**例** 田中様の企画書は説得力があり、わかりやすいです。今後ぜひお手本にさせていただきます。

**使い方▶** 目上の方の仕事ぶりなどに称賛を送りたいときは、感銘を受けた点を具体的に書き、「お手本にしたい」「見習わせていただきたい」などと書くことで、こちらの気持ちを伝えることができます。

## 感服いたしております。
フォーマル度 ★★★

**例** お客様のご満足を最優先とする貴社の徹底したご対応の様子に触れ、まことに感服いたしております。

**使い方▶**「感服」は相手への尊敬、尊重の意が込められた称賛のことばで、人の態度や考えに心を動かされた場面にしっくりきます。

> **Tips!** 目上の方を褒めるとき、失礼にあたるのではと悩みながら容易に褒めことばを使うより、相手への尊敬の念や感謝、相手から学んだことやその成果を伝えると喜ばれます。

# さすがです

感動を伝える

## 勉強になりました。
フォーマル度 ★☆☆

**例** クレームに対する迅速なご対応、
非常に勉強になりました。

**使い方▶**「さすがですね」と言ってしまいそうなところですが、「さすが」は目上の方に対しては使いません。また、「おみそれしました」という表現もありますが、これは「あなたを低く見ていてその才能に気付かなかった」という意のことばなので、称賛にはふさわしくありません。

## 感じ入っております。
フォーマル度 ★★☆

**例** 多年のご精進と地域への貢献についてのお話を
うかがい、深く感じ入っております。

**使い方▶**「感じ入る」は心から感じる、感慨にひたる、強く心を動かされたといった意味です。目上の方を褒めるのではなく、自分がどれだけ心を動かされたかを伝えることで称賛の気持ちを表します。

## 敬服しております。
フォーマル度 ★★★

**例** 今日のご隆盛(りゅうせい)は、ひとえに
山田様の優れたご手腕によるものと敬服しております。

**使い方▶**「敬服」は「感銘」と同じように、目下から目上の方へ心が動いた様子を伝えることばです。例は、相手の会社の繁栄は相手の尽力によるものと敬服する思いを伝えています。「敬服の至りに存じます」とも言います。

# さすがです

感動を伝える

## 頭が上がりません。

フォーマル度 ★★★

**例** 製品を生み出すまでのお話をうかがい、
いつものことながら頭が上がりません。

**使い方▶** 目上や上司などの行為、心がけに感心し、自分にはまったくまねできないという表現です。似たようなフレーズに「頭が下がります」がありますが、「上司」はすでに尊敬する人物で、部下は常に頭を下げている立場なので、これは間違いになります。

## 模範とするところでございます。

フォーマル度 ★★★

**例** 研究を長きにわたり継続された田中様の熱意は
私どもの模範とするところでございます。

**使い方▶** 相手の仕事に対する熱意、工夫、努力をたたえるフレーズです。相手の仕事に対する姿勢を自分のモデルにしたいと伝え、敬服する気持ちを伝えます。

## 感銘を受けました。

フォーマル度 ★★★

**例** エキスポでは貴社ならではの進取(しんしゅ)の気性に富んだ
ディスプレイを拝見し、感銘を受けました。

**使い方▶**「感銘」は、「心を強く動かされて忘れられない」「心に刻まれる」といった強い感動を表します。「進取」というのは、果敢に挑戦すること、自分から積極的に物事に取り組む姿勢を表します。相手の斬新なアイデアを褒めたいときに使ってみてください。

# さすがです

好評を伝える

## 〜のおかげで大盛況でした。
フォーマル度 ★★★

**例** 部長のご助言のおかげで会場は満席となり、セミナーは大盛況でした。

使い方▶主催した会が盛況だった、営業がうまくいったなど仕事が成功した場合に、アドバイスをもらった上司など関係者をたたえるフレーズとして使えます。

## 〜に驚いていらっしゃいました。
フォーマル度 ★★★

**例** 会場にはお客様の長い列ができ、商品を手に取った方は、その便利さに驚いていらっしゃいました。

使い方▶直接相手の行為などを褒めるのではなく、相手が提供してくれた製品、アイデアが第三者に喜んでもらえた、褒められたということを伝え、相手をたたえるという表現方法もあります。ビジネスのなかで、第三者の声を聞けるのは励みにもなるので、機会があったら積極的に使ってみましょう。

## 大好評をいただきました。
フォーマル度 ★★★

**例** 先生のお話は具体的ですぐ実行できそうだということで、多くのご来場者から大好評をいただきました。

使い方▶上記の例と同様に、幅広く製品やアイデアなどに使えるフレーズです。講演者に対しては敬意を表し、「先生」と呼び掛けます。こちらの感想を伝えるのはもとより、来場者からのことばを伝えて称賛の気持ちを伝えます。

# さすがです

謝意を込めた表現

## お力添えのおかげです。

フォーマル度 ★★☆

**例** 研修旅行を無事終えられたのは、
ひとえに部長のお力添えのおかげです。

**使い方▶** 相手から受けた力添えや恩恵のおかげで何かを成し遂げられたとき、相手への称賛を込めて、「お力添えのおかげ」「ご尽力のおかげ」と伝えます。

## 心強く感じました。

フォーマル度 ★★☆

**例** 今回のブックフェアにおきましては、
ご経験豊富な田中様に陣頭指揮をとっていただき、
実に心強く感じました。

**使い方▶** 相手の存在がなければ物事が成り立たなかった、相手のおかげで安心して仕事ができたという気持ちを伝え、相手の存在価値を高める表現です。

## ご一緒できて光栄でございました。

フォーマル度 ★★★

**例** 山田様のご活躍を間近で拝見できた今回の展示会、
ご一緒できて本当に光栄でございました。

**使い方▶** 「光栄」は、褒められて喜ぶときのほか、大切な役目を受けて名誉に思うときにも使う表現です。相手からよい影響を受けた、多くを学んだという気持ちも込められています。

## Column 「ご苦労様」と「お疲れ様」。失礼にならないのは？

　目上の方に対して「ご苦労様でした」と伝えるのは失礼だといわれていますが、なぜでしょうか。一般的に、「ご苦労様です」は、自分のために誰かに何かをしてもらったときに使われています。例えば、事務所に配達に来てくれる宅配便のスタッフなどに「ご苦労様です」と声をかけます。

　古くは殿様が家来に対し「ご苦労」とねぎらったものが「ご苦労様」になったとされており、現在でも上の立場から下の立場の人に対することばと認識されています。

　一方の「お疲れ様です」には2つ用法があり、誰かの労力に対しねぎらう意味と、共同で働いた仲間をお互いにねぎらう意味があります。よって部下から上司へ、上司から部下でも「お疲れ様」でOKなのです。

　さらに「お疲れ様」には仲間意識が込められています。そのため初対面の人などには使いませんが、同僚はもとより、同じ目的で動いている取引先の人にも使え、親近感も得られます。

　「お疲れ様」のほかに、誰かに感謝やねぎらいのことばをかけるときは「ありがとうございます」をおすすめします。「配達ありがとうございました」「本日はご協力ありがとうございました」と書くことで、素直な感謝の気持ちが伝わります。

お祝い

# おめでとう

お祝い

## おめでとうございます。

フォーマル度 ★

**例** ご栄転、まことにおめでとうございます。

> 使い方▶どんなお祝いにも用いられるベーシックなフレーズです。なお、お祝いを送るときは事実の確認を怠らないように。特に人事に関するお祝いでは、役職名を間違えないようにしましょう。

## 心からご祝詞申し上げます。

フォーマル度 ★★★

**例** 田中様は広報部長へのご昇進とのこと、
心からご祝詞申し上げます。

> 使い方▶あらたまったお祝いの定型です。昇進、栄転をお祝いすることばには「～へのご就任」「ご抜擢」「ご昇格」などがよく使われます。

## 衷心よりお祝い申し上げます。

フォーマル度 ★★★

**例** このたびは新会社設立の由、
衷心よりお祝い申し上げます。

> 使い方▶「衷心より」は「心からの」という意味です。「このたびは～の由」は、「～されたとのこと」という意味で、お祝いにかぎらず人から伝え聞いた内容を示すフレーズです。

> **Tips!** お祝いは時期を逃さないことが礼儀です。知らせを受けたらすぐ、共に喜びを分かち合い、祝意を伝えます。あらたまった相手には手紙を送るのが基本ですが、メールをいち早く送ることでお祝いの気持ちを強く伝えることができます。

# おめでとう

お祝い

## 喜ばしいかぎりです。

フォーマル度 ★☆☆

例　ウェブデザインのコンテストで金賞を受賞されたとのこと、まことに喜ばしいかぎりです。

使い方▶「これ以上の喜びはない」「最高に」という気持ちを込めて「喜ばしいかぎり」と表現します。相手の喜びを、自分の喜びとして祝福するフレーズです。

## お喜び申し上げます。

フォーマル度 ★★★

例　このたびは全快床上げの朗報に接し、心よりお喜び申し上げます。

使い方▶お祝いのことばに使われる「よろこび」には「喜ぶ」「慶ぶ」があり、意味は大きくは変わりませんが、うれしい、ワクワクする気持ちを表すのには「喜ぶ」、慶事などのおめでたい気持ちを表すのには「慶ぶ」が多く使われます。

## 謹んでお慶び申し上げます。

フォーマル度 ★★★

例　□□□□株式会社には創立50周年を迎えられた由、謹んでお慶び申し上げます。

使い方▶「慶び」に、相手に敬意を表す「謹んで」とつけ加えることで一層丁寧なお祝いのフレーズにします。手紙の書き出しのあいさつ文にも用いられる定番フレーズです。

# おめでとう　お祝い

## 心より祝福申し上げます。　フォーマル度 ★★☆

**例** このたびは奥様がめでたくご出産なさったとのこと、心より祝福申し上げます。

**使い方▶**相手の幸せを喜び祝う気持ちをストレートに伝える表現です。「このたびはめでたく～とのこと」の、「～」には「ご結婚」「ご昇進」などお祝い事の理由を入れて、祝福のことばで結んで使える便利なフレーズです。

## 慶賀（けいが）の至りに存じます。　フォーマル度 ★★★

**例** 先生のご高著が大賞を受賞されましたこと、まことに慶賀の至りに存じます。

**使い方▶**「慶賀」は、「祝い、喜ぶこと」を丁寧に表現したことばで、「このうれしい気持ちを抑えられない」という意味になります。比較的大きなお祝い事のときに使われるフレーズです。「高著」は、相手の著書について敬意を込めて呼ぶことばです。

## 欣快（きんかい）の至りでございます。　フォーマル度 ★★★

**例** このたび新社屋がめでたく竣工されたとのこと、欣快の至りでございます。

**使い方▶**「欣快」とは非常にうれしく、気持ちがいいことを表します。「慶賀に堪（た）えません」「同慶（どうけい）の至りに存じます」などとも書きます。また、病気が回復した方へのお祝いでは「ご病気ご全快の由、欣快に存じます」と使います。

# おめでとう

周囲へも配慮

## 皆様もさぞお喜びのことと存じます。 フォーマル度 ★★☆

**例** 貴社の製品が大臣賞を受賞されたとうかがいました。貴社の皆様もさぞお喜びのことと存じます。

**使い方▶**関係者の喜びがどれほど大きいかを想像し、大変な慶事であることをたたえる表現です。「さぞ」は推量を表すことばで「きっと喜んでいるだろう」という意味になります。

## お喜びはいかばかりかと拝察いたします。 フォーマル度 ★★★

**例** ご令嬢には華燭(かしょく)の典(てん)を挙げられましたとのこと、ご本人様はもとより、ご家族の皆様のお喜びはいかばかりかと拝察いたします。

**使い方▶**相手の周囲の人々の喜びを推量して喜ぶフレーズ。「拝察」は想像、推測の謙譲語。「華燭の典」は結婚式を祝うことばです。

## 雀躍(じゃくやく)いたしております。 フォーマル度 ★★★

**例** 新店舗が近日ご開店とのこと、まことにおめでとうございます。皆様のお慶びはもとより、私ども部署の者全員も雀躍いたしております。

**使い方▶**「雀躍」とは、文字通り雀(すずめ)がはねるように、小躍りして喜ぶことを表します。さらに喜びを強調するときには非常に喜ぶという欣喜(きんき)をつけ加え、「欣喜雀躍いたしております」と書きます。

# がんばって

激励

## 存分にご活躍ください。
フォーマル度 ★☆☆

**例** 今後ますますお忙しくなると思いますので、
お体には十分お気を付けて、存分にご活躍ください。

**使い方▶** 新会社設立や新店舗の開店、昇進となれば、その後しばらくは非常に忙しく緊張した毎日を送ることになるでしょう。そのような相手に対し、健康を気遣いながら、活躍を祈るフレーズです。

## 成功を収められることと信じております。
フォーマル度 ★★☆

**例** 佐藤様のご人徳と専門知識をもってすれば、
必ずや成功を収められることと信じております。

**使い方▶** 新しい門出に立つ相手の能力、人柄をたたえ、成功を信じているというエールを送るフレーズです。能力の表現には「強いリーダーシップ」「卓越した能力」「粘り強さ」「温厚さ」などと入れてもよいでしょう。

## さらなる〜をご祈念（きねん）申し上げます。
フォーマル度 ★★★

**例** これを機に、貴社のさらなるご躍進を
ご祈念申し上げます。

**使い方▶** 新社屋完成や改築、昇進などこれを機にこれまでよりもっと大きな活躍を祈るフレーズ。「〜」には、「ご発展」「飛躍」などを入れてもOK。「〜を願ってやみません」と書くこともできます。

# がんばって

激励

## 今後一層の〜を期待しております。
フォーマル度 ★☆☆

**例** この昇任試験合格を機に、
今後一層の飛躍を期待しております。

使い方▶「期待します」は、同僚、あるいは目下の人に向けての激励のことばになります。「〜」には、「活躍」「成長」などを入れても。

## 先達（せんだつ）としてご奮闘なさることと確信しております。
フォーマル度 ★★☆

**例** 新しいお立場になられ、今後は先達として
ご奮闘なさることと確信しております。

使い方▶「先達」は後輩を育て、導く先輩のことです。目上の方の豊かな経験、知識に敬意を表し、指導者としての力を発揮してご活躍してほしい気持ちを伝えます。

## ご発展とご繁栄をお祈り申し上げます。
フォーマル度 ★★★

**例** このたびのご慶事を機に、
ご一門のますますのご発展とご繁栄を
お祈り申し上げます。

使い方▶結婚や出産、賀寿など相手の慶事を祝うフォーマルなお祝いの定型です。どのような祝い事にも合うので、使いやすいフレーズといえます。

お見舞い

# 大丈夫ですか

お見舞いのことば

## 心よりお見舞い申し上げます。

フォーマル度 ★★☆

**例** 事務所の方から山本様の手術の話をうかがいました。
心よりお見舞い申し上げます。

**使い方▶** 災害、事故、病気などお見舞い全般に使えるフレーズです。お見舞いのメールでは「いつもお世話になっております」などの前文のあいさつは省きます。

## お慰めのことばもございません。

フォーマル度 ★★★

**例** 思わぬ事故に巻き込まれたとうかがい、
お慰めのことばもございません。

**使い方▶** 予想もしなかった自然災害、本人に過失がない事故などに遭った相手に送る表現です。文字通り、慰めることばが見つからないという同情が込められています。

## 謹んでお見舞申し上げます。

フォーマル度 ★★★

**例** 営業の方から松本様が先週からご入院されていたと承り、
謹んでお見舞申し上げます。

**使い方▶**「承る」は「聞く」の謙譲語です。さらに敬意を表する「謹んで〜」を加えることで、あらたまった表現になります。

**Tips!** お見舞いのメールは、相手を気遣い、支援したい気持ちを伝えるものです。あいさつ文などは省き、「取る物も取りあえず」メールを送りましたという気持ちを伝えます。けがの原因など相手が気にしている内容には触れないようにしましょう。

# 大丈夫ですか   安否を尋ねる

## ご無事でしょうか。　　　フォーマル度 ★☆☆

例 ご実家のある地域の被害が大きいとのことですが、
ご家族の皆様はご無事でしょうか。

使い方▶被害をこうむった可能性がある相手や、相手の関係者の安否をたずねるフレーズです。「ご家族のご様子はいかがかと心配しております」というたずね方でもよいでしょう。

## 経過はいかがでしょうか。　　　フォーマル度 ★★☆

例 手術は成功されたとのことですが、
その後、経過はいかがでしょうか。

使い方▶相手の療養の状況をうかがう基本的なフレーズです。「お加減はいかがでしょうか」と書くこともあります。

## 心よりご案じ申し上げております。　　　フォーマル度 ★★★

例 災禍に遭遇され、
御地(おんち)では死傷者も出ているとのことで、
心よりご案じ申し上げております。

使い方▶被害の甚大さは伝え聞くものの相手の現状がはっきりわからないような場合に、こちらの案ずる気持ちを伝えるフレーズです。「災禍」は事故や天災による思いがけない災難のこと。「御地」とは相手の住む地域を丁寧に言い表すことば。

# 驚いています

驚きの表現

## 大変驚いています。
フォーマル度 ★☆☆

**例** 事務所が火災に見舞われたとうかがい、
大変驚いています。

**使い方▶** 災難、事故、病気などの一報を受けて、驚く気持ちを表すストレートなフレーズ。相手、内容を問わず使われます。すぐにお見舞いに行けない場合は「本来であればすぐにでも駆けつけてお手伝いをしたいところですが、なかなか思うにまかせず申し訳なく思っております」などとお詫びの一文を添えます。

## ただただ驚くばかりです。
フォーマル度 ★★☆

**例** 人一倍ご壮健な田中様なので、
入院されたとうかがい、ただただ驚くばかりです。

**使い方▶** 「まさか」という大きな驚きやショックを「ただただ」ということばで表現しています。

## 耳を疑うばかりです。
フォーマル度 ★★☆

**例** テレビで土石流の発生を知り驚いています。
あまりに突然の奇禍に、耳を疑うばかりです。

**使い方▶** 「奇禍」とは思いがけない災難のこと。「耳を疑う」というのは、あまりに信じられない話で、聞き違いであればよいと思う気持ちが込められています。

# ことばがありません

**同情の表現**

## ことばを失いました。

フォーマル度 ★★☆

> 例　玉突き事故に遭われたとのこと、
> とんだご災難にことばを失いました。

**使い方▶**思いがけない事故や災難に巻き込まれた相手に、動揺してしまいふさわしいことばが見つからない様子を伝えるお見舞いのことば。「とんだ〜」には、「思いもしない」「予想外の」「突拍子もない」というニュアンスがあり、ショックや驚きの大きさを伝えます。

## ご同情に堪えません。

フォーマル度 ★★★

> 例　大洪水の被害に遭われた皆様のご心痛を思うと、
> ご同情に堪えません。

**使い方▶**主に自然災害の被災者に対し、思いやりの気持ちを示すフレーズです。相手の状況をわが身のことのように思っていることを表現しています。

## さぞお困りのことと存じます。

フォーマル度 ★★★

> 例　先般の雨で事務所が浸水に遭われ、
> さぞお困りのことと存じます。

**使い方▶**自然災害などで会社、家屋が使えなくなってしまったり、避難を強いられていたりする相手に対するお見舞いと同情の気持ちを表します。「私どもにできることがあれば何なりとお申し付けください」と支援を申し出るのもよいでしょう。「先般」はビジネスで使われる「先日」「この間」という意味。

# 回復を祈ります

回復を祈る

## ご回復をお祈りしています。　フォーマル度 ★

例　まずはゆっくりと療養され、
一日も早いご回復をお祈りしています。

使い方▶しばらく会社を休む相手に、あせらず治療に専念するよう促すのと同時に、ケガ、病気が早くよくなるよう願う気持ちを伝えます。

## 全快されますようお祈り申し上げます。　フォーマル度 ★★

例　田中様が一日も早く全快されますよう
心よりお祈り申し上げます。

使い方▶事故や病気に遭った相手に対して全快を願うフレーズです。「ご快癒をご祈念いたしております」という表現もあります。相手が重症の場合などは、会社関係者や相手の家族に送ります。その際は「仕事のことは心配せず静養していただきたいと、人事課一同、願っております」などと書いておくとよいでしょう。

## ご養生なさることを願っています。　フォーマル度 ★★★

例　お仕事のことも気がかりでしょうが、
まずはご養生なさることを願っています。

使い方▶けがや病気が治るように努める「養生」をすすめるフレーズです。「加療に専念されることを〜」とも言い換えられます。

# 復旧を祈ります

復旧を祈る

## ご復旧をお祈りします。

フォーマル度 ★

**例** 多大なご苦労があるかと思いますが、
まずは一日も早いご復旧をお祈りします。

**使い方▶** 自然災害などで地域や会社が被害をこうむった相手に対し、一刻も早く元通りになることを願う表現です。

## 一日も早いご再建をお祈り申し上げます。

フォーマル度 ★★

**例** お力落としのこととは存じますが、
一日も早いご再建をお祈り申し上げます。

**使い方▶** 自然災害などで社屋などに大きなダメージを受けた相手の心の痛みに配慮しつつ、再建を祈る気持を伝えます。「どうかお力を落とさず」と加えることもできます。

## ご自愛のほどお祈りしております。

フォーマル度 ★★★

**例** 復旧作業が長引いているようですが、
くれぐれもご無理をなさらず、
ご自愛のほどお祈りしております。

**使い方▶** 「自愛」は自分を大切にする、健康に気をつけるという意味があり、「お体をお大事にしてください」とも言い換えられます。お見舞いの文面のみならず、普段のやりとりのなかでも文を締めくくるフレーズとして使えます。

採用・不採用

# 選考の結果

選考の根拠

## 厳正な選考の結果

フォーマル度 ★★★

**例** 厳正な選考の結果、あなたを採用することに
決めましたので、ここに通知いたします。

**使い方▶**採用試験・面接の結果を知らせる際、前置きに使われるフレーズです。採用・不採用にいたる根拠を「厳正な選考」とする表現です。

## 慎重に検討しました結果

フォーマル度 ★★★

**例** 慎重に検討しました結果、
今回はご期待に添いかねる結果となりました。

**使い方▶**採用・不採用ともによく使われる前置です。この例は不採用のもので「ご希望に添えず申し訳ない」という文面になります。

## 慎重に選考を重ねましたところ

フォーマル度 ★★★

**例** 慎重に選考を重ねましたところ、
今回は採用を見合わせていただくことになりました。

**使い方▶**採用・不採用ともに使えますが、どちらかというと不採用で使われる場合が多いようです。「見合わせる」には採用せず様子を見るという意味が含まれています。「見送らせていただく」という書き方も用いられます。

> **Tips!** 不採用であっても、応募へのお礼と感謝の気持ちを表すとより丁寧な印象になります。合否通知は紙面によるものが通常ですが、結果を少しでも早く伝える手段として、先にメールで知らせることは、相手の思いを汲んだ行動と言えます。

## 採用します   採用の通知 ☺

### 採用を内定しました。   フォーマル度 ★★★

**例** 先日の面接の結果、採用を内定しましたので、ご連絡いたします。

使い方▶採用の内定をお知らせする文面です。「内定」とは、正式決定する前に内々に決まることです。

### 採用させていただくことになりました。   フォーマル度 ★★★

**例** 適性検査の結果、貴殿を採用させていただくことになりましたのでお知らせいたします。

使い方▶「採用する」を「させていただく」とすることで、ややへりくだった印象になります。「させていただく」は基本的に、相手からの依頼によって行う場合に使うことばです。ここでは「応募者の期待に応え採用した」というニュアンスが込められることになります。

### ご通知申し上げます。   フォーマル度 ★★★

**例** 勝田美緒様を採用と決定いたしましたので、ご通知申し上げます。

使い方▶採用決定をストレートに通知する文章です。「ご通知申し上げます」とすることで、あらたまった文章になります。

# 不採用です

不採用の連絡

## 採用を見合わせていただくことに　フォーマル度 ★★☆

**例** 今回は応募者多数のため、残念ながら、
採用を見合わせていただくことになりました。

**使い方▶**「応募者多数」「予想を上回る応募」などを理由とし、不採用を通知するフレーズです。不採用になる人が多かったことを印象づけるのに効果的で、不採用の理由としてよく使われます。

## ご希望にお応えすることができませんでした。　フォーマル度 ★★☆

**例** まことに遺憾ながら、
ご希望にお応えすることができませんでした。

**使い方▶** 採用を希望する相手に、「残念ですが、希望には応えられない」と知らせるフレーズです。「多数の企業の中から当社に応募いただいたことに感謝しております」など、前文や結びで応募への感謝を伝える一文を添えるようにしましょう。

## 貴意に添いかねる結果となりました。　フォーマル度 ★★★

**例** まことに不本意ではありますが、
今回は貴意に添いかねる結果となりました。

**使い方▶** 企業の不採用通知によく使われる定番のフレーズです。「不採用」ということばを遠回しに伝えています。「貴意」は「あなたの考え、気持ち」を丁寧に表現したことば。

# 残念です

不採用へのお詫び

## ご期待に添えず申し訳ありません。
フォーマル度 ★★☆

**例** せっかくご応募いただきましたのに、
ご期待に添えず申し訳ありません。

**使い方▶**「ご期待に添えず」は、入社を希望する気持ちをかなえることができず、という意味を含むフレーズ。採用できなかったことへのお詫びを表現しています。シンプルですが、相手に寄りそう気持ちが感じられる文です。

## あしからずご理解のほど
フォーマル度 ★★☆

**例** ご志望に添えず残念ではありますが
あしからずご理解のほどよろしくお願い申し上げます。

**使い方▶**不採用通知の結びに使われる一般的な表現です。「あしからず」は気を悪くせずに、といった意味で使われます。

## 何とぞご了承くださいますよう
フォーマル度 ★★★

**例** 今回はご縁がなかったものとして
何とぞご了承くださいますようお願い申し上げます。

**使い方▶**「縁」は巡り合わせの意味。不採用の理由は、能力や適性にかかわらず、「当社で働いてもらう縁がなかったこと」とする抽象的なフレーズといえます。「ご了承ください」とすることで、「残念ですが不採用という結果を受け入れてください」という内容になります。

異動・移転

# 異動しました　　異動の報告

## 〜に異動しました。　　フォーマル度 ★★★

例　私、田中は4月より
広報部から人事部に異動しました。

使い方▶社内や親しい取引先に社内の人事異動を知らせる表現です。単刀直入に事務的な事実を伝えるフレーズです。内線番号が変わる場合などは、そのことも記しておきましょう。

## 〜に配属されました。　　フォーマル度 ★★★

例　このたび私こと田中一義は、人事異動にて
営業推進部に配属されました。

使い方▶入社後に部署が決まった際に最初に使う自己紹介および報告です。また、社内の人事異動で配属が変わったときも使えるフレーズです。「私こと」とは「私についていうと」というような意味があります。よりフォーマルにすると「私儀(わたくしぎ)」と書きますが、メールで書くにはかたすぎるので「私こと」「私このたび」でよいでしょう。

## 〜へ転出いたしました。　　フォーマル度 ★★★

例　私このたび、人事異動にて
大阪支社へ転出いたしました。

使い方▶「転出」は今までの居住地を出て他の土地に移ることを表しますが、人事異動ではこれまでの任地を離れて別の支社や支店、関連会社に「転任」することを表します。

# 任されました

選出の報告 :)

## 〜に選出されました。
フォーマル度 ★★★

例　私、今井は今期、開発プロジェクト委員会の代表に選出されました。

使い方▶「選出される」とすることで、複数の候補者の中から投票や指名により選ばれたという経緯が伝わります。組織の代表者を選ぶ意味のほか、コンペなどで作品が選ばれるときなどに使われます。

## 後任として○○があたらせていただきます。
フォーマル度 ★★★

例　私の後任として
佐々木誠があたらせていただきますので、
よろしくお願い申し上げます。

使い方▶異動後の後任を紹介するフレーズです。「後任には〜が担当させていただきます」「後任として〜が貴社におうかがいすることになります」など。

## 〜に就任することと相なりました。
フォーマル度 ★★★

例　私このたび、加藤充の後を受け4月1日をもちまして、取締役社長に就任することと相なりました。

使い方▶「就任」は「着任」と同義で、ある任務・職務につくことを意味していますが、「就任」は社長や会長、役員などある程度重い役職に対して使われます。メール文もあらたまったフレーズが合います。

# 着任しました

着任の報告

## 着任しました。

フォーマル度 ★

**例** このたび私、新宿支店勤務を命ぜられ、
このほど着任しました。

> **使い方▶**「着任」は新しい任地、任務に就くことを表します。転出先が遠方の場合には、「無事着任しました」と元の会社に報告します。

## 過日着任いたしました。

フォーマル度 ★★

**例** ４月１日より□□□株式会社への出向を命ぜられ
過日着任いたしました。

> **使い方▶**「出向」は、もとの会社に籍を置いたまま、他の会社や役所などで仕事に就くことです。「過日着任」は、離任と着任が同日でない場合に使われる表現です。以前の職場でお世話になっていた取引先などには、お世話になったお礼を添えておくと丁寧です。

## 赴任いたしました。

フォーマル度 ★★

**例** 私こと、４月１日をもちまして名古屋営業所勤務を
命じられ、同日赴任いたしました。

> **使い方▶**「赴任」は「任地に赴くこと」の意味で、「着任」と同義語です。「同日赴任」とは、命じられたまさにその日に赴任したということで、異動が滞りなく行われたことを印象づけます。

# 着任しました

担当交替の報告 ☺

## これからは私、○○が担当いたします。 フォーマル度 ★★★

例) 静岡第三エリアの営業マネジメントは
これからは私、田中敬一が担当いたします。

使い方▶ 社内の異動などで、新たに配属された部署や馴染みの取引先の関係者に認知してもらうときの表現です。対外的には「担当させていただくことになりました」とすればより丁寧です。

## 私こと○○が勤めさせていただきます。 フォーマル度 ★★★

例) 今後は私こと高橋太郎が
広報担当を勤めさせていただきます。

使い方▶ 「勤める」は精を出して物事にあたることです。前任者に代わって、自分が一所懸命仕事をします、という積極的な印象が伝わります。

## △△に代わりまして、私こと○○が フォーマル度 ★★★
## ご用命を承ることになりました。

例) 田中に代わりまして、私こと佐々木誠が
ご用命を承ることになりました。

使い方▶ 「用命」は仕事を依頼したり、注文をしたりすることを指します。例は「前任者の仕事はまるごと引き受けます」という気持ちを丁寧に伝えるフレーズです。「ご指導をお願いします」という意味で「お引き回しのほどお願い申し上げます」という言い方もあります。

199

# 移転しました　　　移転の報告 :)

## 下記へ移転しました。　　フォーマル度 ★★★

**例** このたび弊社は、10月1日をもって下記へ移転しました。

**使い方▶**移転の案内では、移転の日時を明記します。移転先の住所、電話番号を本文の下に記しておきます。

## 移転する運びとなりました。　　フォーマル度 ★★★

**例** このたび小社では、念願の自社社屋が完成し、
下記のとおり移転する運びとなりました。

**使い方▶**「運び」は「段階」の意味を表します。準備、計画してきたものが完成し、いよいよ移転する段階になったというお知らせです。あらたまった文書に最適です。

## ご案内申し上げます。　　フォーマル度 ★★★

**例** このたび当店は店舗拡大のため下記のとおり
移転することとなりましたのでご案内申し上げます。

**使い方▶**会社や事務所、店舗などの移転を知らせる文書の定型です。移転の理由には、「業務の効率化のため」「事務所が手狭になったため」などにも書き換えられます。「下記」には、新住所や電話番号、移転の日時を明記します。

> **Tips!** 【異動・移転】【退職・転職】【独立・開業】【閉店・廃業】
> これらの報告・連絡は、はがきなど紙面で知らせることが基本ですが、現在では、いち早く、また一度に多くの相手に知らせる場合にはメールが用いられています。

# 移転しました    PRポイント ☺

## 新社屋には〜があり    フォーマル度 ★★★

**例** 新社屋には緑の庭に面したカフェテリアがあり、
気持ちよく打ち合わせできるようになりました。

**使い方▶** 移転により、以前よりよくなった点をPRし、相手にも気持ちよく過ごしてもらえるメリットを伝えましょう。

## 新事務所は
## ○○駅から徒歩○分のところです。    フォーマル度 ★★★

**例** 新事務所はJR市ケ谷駅から徒歩2分のところです。
近くにお越しの節は、ぜひお立ち寄りください。

**使い方▶** 駅から近い、見晴らしがよいなど、引っ越し先の魅力を述べ、近くに来たら「ついでに立ち寄ってください」と気楽な来訪を促すフレーズ。「お越し」は、「行く」「来る」の尊敬語。海外の支店などにお誘いするときは「ぜひお訪ねください」のほうが適切です。

## 新店舗は〜となり
## 〜していただけるようになりました。    フォーマル度 ★★★

**例** 新店舗はディスプレイにも工夫し、
多くのお品を見ていただけるようになりました。
ぜひ一度、足をお運びください。

**使い方▶** 「足を運ぶ」はわざわざ出向くことを意味しています。新しい店の魅力に触れてほしいと願う店舗の移転通知などで使われます。

退職・転職

# 退職・転職しました　退職の報告

## 退社することになりました。　フォーマル度 ★

**例** このたび□□株式会社を 2 月 20 日付で
退社することになりました。

> **使い方▶**退職が決まった場合、取引先の関係者に送る定番フレーズです。引継ぎなどの問題も発生してくるので、退社予定日を早めに知らせておくほうがよいでしょう。さらに、円満退職であった場合は、社名の前に「長い間お世話になりました（○○会社を〜）」と入れるとよい印象になります。

## 〜を円満退職し〜に入社いたしました。　フォーマル度 ★★

**例** 私このたび、□□株式会社を 3 月 31 日付で円満退職し、株式会社△△△に入社いたしました。

> **使い方▶**中途退職ののち転職先が決まったことを、お世話になった人にお知らせするフレーズです。円満退職であったことを伝えたうえで、転職先を紹介し、今後の関係の継続を願います。

## 退職いたしました。　フォーマル度 ★★

**例** このたび一身上の都合により、
3 月 31 日をもちまして退職いたしました。

> **使い方▶**「一身上の都合」は辞める理由を明らかにしない場合の言い方です。対立やトラブルが原因で、「円満退職」とは言いにくいときに使われます。「辞職いたしました」という言い方もあります。

# 退職・転職しました

謝意・予定 :)

## 在職中はお世話になりました。
フォーマル度 ★★★

**例** 在職中は公私にわたり大変お世話になりました。

> **使い方▶** 在職中お世話になった方への感謝を表すフレーズ。社内、社外ともに使えます。「公私にわたり」は、仕事だけではない幅広い付き合いを指し「公私ともども～」「格別な～」とも言い換えられます。

## 今後についてはまだ考えておりませんが
フォーマル度 ★★★

**例** 今後についてはまだ考えておりませんが、
また改めてご連絡させていただきます。

> **使い方▶** 退職後の予定が決まっていない場合のフレーズです。「しばらくは骨休め／休養する予定ですが～」などという言い換えもできます。

## これまでの経験を生かし
フォーマル度 ★★★

**例** 今後はこれまでの経験を生かし、
新しい活動の場で一層努力していく所存でございます。

> **使い方▶** 前職のキャリアを活かして、新しい職場で活躍したいという意欲が感じられる表現です。「新しい職場で心機一転、業務に精進する」という表現もあります。

**Tips!** 産育休や休職などで長期休暇に入る場合は、「私事で恐縮ですが」とし、差し障りなければ理由と、休暇に入る日時、引き継ぎ者の名前や連絡先、復帰時期などを記し、迷惑をかけるお詫びとこれまでのお礼、復帰後もよろしくお願いしますといったフレーズを添えます。

独立・開業

# 独立・開業しました　開業の報告

## かねてからの念願がかない　フォーマル度 ★★☆

**例** このたびかねてからの念願がかない、
独立して税理士事務所を設立しました。

> 使い方▶以前から願い続けてきた思いが実現し、独立にいたったという喜びの気持ちを伝えるフレーズです。前の会社の後押しなども得られた場合は、「〜を円満退職し〜を設立しました」という言い方ができます。

## 開店することになりました。　フォーマル度 ★★☆

**例** 長年あたためてまいりました、
アロマの店「ネロリ」を開店することになりました。

> 使い方▶「長年あたためて〜」を加えると、長い間、実現に向けて準備をしてきた夢がようやくかなったというニュアンスになります。反対に、思いもよらず開店にいたった場合などには「この際思い切って〜を開店しました」などと言えます。

## 開業の運びと相なりました。　フォーマル度 ★★★

**例** このたび私どもは株式会社□□を設立し、
4月1日をもって開業の運びと相なりました。

> 使い方▶「運び」とは段階を表すことばで、計画的に準備を進めてきたことが、ようやく開業という段階にいたったことを報告するあらたまったフレーズです。

# 独立・開業しました　感謝・決意

## 精一杯努力してまいります。　フォーマル度 ★★★

**例** お力添えいただいた高村様のご期待に報いるために
未熟者ではありますが、精一杯努力してまいります。

使い方▶開店・独立に際して不安があってもそれを吹き飛ばす勢いでがんばっていくという勢いを込めたフレーズです。「今後、奮闘してまいる所存でございます」という言い方もあります。

## 前職で培った経験が宝です　フォーマル度 ★★★

**例** 前職で培った経験を私どもの宝とし、
それを磨き輝かせるよう力を尽くす所存です。

使い方▶前の会社での経験を生かして独立する場合には、積み重ねてきたキャリアをアピールし、さらに切磋琢磨していく意気込みを感じさせます。

## 喜びとともに身が引き締まる思いです。　フォーマル度 ★★★

**例** 皆様のご支援ご厚情の賜物（たまもの）と考え、
喜びとともに身が引き締まる思いです。

使い方▶周りの人の支援があったからこそ独立・開業にこぎつけたという感謝と、気を引き締めて精進する意気込みを伝えるフレーズ。あらたまった文で真剣さを伝えます。

閉店・廃業

# 閉店・廃業しました　あいさつ

## 事務所を閉じることになりました。　フォーマル度 ★☆☆

例　このたび都合により３月末日をもちまして
事務所を閉じることになりました。

使い方▶「このたび〜することになりました」は、通知の文面で使われる汎用表現です。閉鎖の場合は理由、日付を明記します。

## 閉店させていただきます。　フォーマル度 ★★☆

例　まことに勝手ながらラビットストーン店は
12月25日をもって閉店させていただきます。
長年のご愛顧ありがとうございました。

使い方▶「閉店いたします」とも言えますが、「〜いただきます」とへりくだった表現にすることで、顧客に対する配慮が感じられます。「閉店」は店舗、「閉鎖」は会社、会社の支店を閉じる場合に使われます。

## 廃業することと相なりました。　フォーマル度 ★★★

例　長年ご愛顧いただいておりましたが、
諸事情により廃業することと相なりました。

使い方▶「相なりました」は、「なる」のあらたまった重々しい言い方です。厳しい決断であったことをうかがわせるフレーズです。「〜する運びとなりました」という言い方もよく使われます。

# 閉店・廃業しました　閉店・廃業の理由

## 都合により
フォーマル度 ★☆☆

**例** 都合により当事務所は
6月末日に業務を終了させていただきました。

**使い方**▶理由を明記せず廃業を伝える文例です。個人経営などの場合は「一身上の都合により～」、苦渋の決断である場合は「やむを得ぬ事情により」などの言い方もあります。

## 経営合理化に伴う統廃合のため
フォーマル度 ★★☆

**例** 経営合理化に伴う統廃合のため、
□□電子横浜支社は閉鎖となりました。

**使い方**▶支店閉鎖の場合は「経営合理化に伴う統廃合のため～」「組織改変に伴い～」などの理由が使われます。

## 各般の事情により
フォーマル度 ★★★

**例** 各般の事情により3月31日をもちまして
廃業いたすことになりました。

**使い方**▶理由を具体的に示さず、やむなく廃業することになったことを伝えるフレーズです。経営上の問題で撤退する場合に使われます。「各般」とは「いろいろ」「さまざまな」という意味のビジネス用語。「諸事情により～」「諸事情をかんがみた結果～」とも書けます。

## Column 冠婚葬祭のメールでは「忌みことば」に注意

　日本では、お祝いのメールには不幸なことを連想させる「忌みことば」は使わないといった縁起担ぎがあるので、冠婚葬祭に関するメールでは極力使わないよう注意が必要です。

　送信ボタンを押す前に、下の表を参考にし、注意して読み直しましょう。ふだんの会話や文書では、あまり意識せず使っていることばでも場合によっては、気にする人もいるので確認しておきましょう。

### ●忌みことばの例

| | |
|---|---|
| 結婚祝い | 飽きる、衰える、終わる、切る、苦（九）、裂ける、死（四）、死ぬ、閉じる、途絶える、滅ぶ、冷える、もう一度、病む、患う、重ねがさね |
| 出産祝い | 失う、落ちる、苦（九）、苦しむ、消える、死（四）、死ぬ、流れる、破れる、滅びる、早い、短い |
| 長寿の祝い | 失う、衰える、終わる、老いる、折れる、苦（九）、苦しむ、死（四）、死ぬ、倒れる、果てる、寝つく、途切れる、ボケる、弱る、散る、萎える |
| 新築、開店、開業祝い | 落ちる、朽ちる、傾く、錆びる、閉まる、倒れる、つぶれる、負ける、失う、詰まる |
| 退院、全快祝い | 落ちる、折れる、枯れる、苦（九）、繰り返す、苦しむ、死（四）、死ぬ、寝る、悪い、長い、滅びる、弱る、再び、度々、尽きる |
| お見舞い | 終わる、衰える、折れる、終わる、落ちる、重なる、枯れる、続く、消える、苦しむ、再び、度々、またまた、追って、弱る |
| お悔やみ | 追う、重ねる、苦（九）、去る、死（四）、死ぬ、近々、滅びる、再び |

# Part 4

# 社内メール

先輩や上司に送るメールの敬語表現も
悩ましいものです。
ある程度打ち解けてきたのであれば、
かしこまった紋切り型のメールばかりだと
逆に距離を感じます。
ほどよい敬語表現を身につけましょう。

# お疲れさまです　　あいさつ

## お疲れ様です。　　フォーマル度 ★☆☆

**例** お疲れ様です。滝口です。先ほど△△△社の田崎様に資料を送付しておきました。

> **使い方▶**対外的なメールでは「いつもお世話になっております」と書くあいさつのことばですが、社内メールでは「お疲れ様です」が一般的です。あいさつに続いて名乗りを入れます。メールではヘッダーを見れば差出人がわかるので省く場合も少なくありません。

## おはようございます。　　フォーマル度 ★☆☆

**例** 高木部長、おはようございます。
昨日は遅くまでお疲れ様でした。

> **使い方▶**相手が朝10時半ごろまでにメールを確認するのがわかっている場合は、朝のあいさつから書き始めてもよいでしょう。相手の名前を入れると、丁寧さが増します。相手をいたわることばを入れると温かみが感じられるメールになります。

## お忙しいところ失礼いたします。　　フォーマル度 ★★☆

**例** お疲れ様です。お忙しいところ失礼いたします。

> **使い方▶**メールによって相手の手をわずらわすことへの配慮として、お詫びをひと言入れ、コミュニケーションの円滑化を図りましょう。「ご多忙中、恐縮ですが」でもOKです。

# お世話になりました　お礼のことば

## お世話になりました。
フォーマル度 ★★★

**例** 出張から戻りました。留守中は大変お世話になりました。

**使い方▶** 報告にあわせて、不在中の不便や調整をしてもらったことに感謝を伝える例です。「お世話になりました」は、感謝を伝える定番中の定番フレーズ。「昨日のイベントの準備に関しましては、大変お世話になりました」など、何かにつけて使える便利なフレーズです。

## 助かりました。
フォーマル度 ★★★

**例** 提案書を佐々木先輩に見ていただけて大変助かりました。ありがとうございました。

**使い方▶**「ありがとうございます」「感謝しています」の意味で、同僚、親しい上司によく使われる「助かりました」。気持ちは通じますが、やはり「ありがとうございました」を加えるとより丁寧です。

## ごちそうさまでした。
フォーマル度 ★★★

**例** 夕べはごちそうさまでした。
佐々木課長のお話をうかがいながら
有意義な時間を過ごさせていただきました。

**使い方▶** ごちそうになった場合、その場でお礼を伝え、翌日もう一度、時間をとってもらったこと、有意義な話ができたこと、意欲がわいたことなどを書いてお礼を伝えます。割り勘など、ごちそうにならなかった場合は、「お誘いくださり、ありがとうございます」と書きます。

# お世話になりました　お礼の対象

## 貴重なアドバイスをいただき　フォーマル度 ★★★

**例** 貴重なアドバイスをいただき、
営業職に対する思いが強くなりました。

**使い方▶** 先輩、上司からアドバイスをもらったときのお礼のフレーズです。アドバイスへのお礼とともに、それをもとに自分がどう思ったか、どんな助けになったかを具体的に伝えましょう。

## ご忠告のメールをいただき　フォーマル度 ★★★

**例** お忙しい中ご忠告のメールをいただき、
感謝しておりますとともに、
私の至らなさをお詫びいたします。

**使い方▶** メールで上司から注意を受けた場合の返信の文例です。相手が時間を費やして自分の不備を指摘してくれたことに感謝を示し、注意された点を詫び、「今後は〜しないように気をつけます」と決意を伝えましょう。

## 〜についてご教示いただき　フォーマル度 ★★★

**例** 昨年のエキスポ出展についてご教示いただき、
ありがとうございました。
おかげ様で今年の目標が見えてまいりました。

**使い方▶**「教示」は知識や方法などを教え、示すことを意味し、上司や先輩からアドバイスや引継ぎを受けたときのお礼などに感謝を示すフレーズです。

# やります

意欲を伝える

## やらせてください。
フォーマル度 ★★★

**例** 先日、募集していたエキスポの広告の担当、
ぜひ私にやらせてください。

使い方▶上司からの仕事の打診や、会社全体で募集がかかった案件に手を挙げるときのフレーズです。カジュアルな表現なので、幹部クラスには「引き受けさせていただけます」などと書きます。

## やらせていただきます。
フォーマル度 ★★★

**例** 渋谷支店長にとお薦めいただいた件、
精一杯やらせていただきます。

使い方▶自分には荷が重いと感じる仕事を受けるときのフレーズです。「精一杯やらせていただきます」と答えることで、相手に安心を与える効果があります。このように大切な決断は面と向かって話すことがほとんどですが、対面が許されない状況の場合は「メールで申し訳ございませんが」とひと言断り、上記のように答えるとよいでしょう。

## 安心してお任せください。
フォーマル度 ★★★

**例** チームワークの強さは社内でも随一です。
私ども営業二課に安心してお任せください。

使い方▶締め切りが間近であるときや、達成がなかなか困難な仕事を任されるようなとき、このように書くことで、相手を文字通り安心させることができます。「やらせていただく」よりも確実に任務を達成しようとする気概を相手に伝えます。

213

# わかりません　　否定の表現

## わかりかねます。
フォーマル度 ★☆☆

例　資料の提出は広報部からの依頼でしたので、
何に使用するのかはわかりかねます。

使い方▶「わかりません」「できません」など、相手の質問を否定、拒絶するような言い方はマイナスの印象を与えがち。印象をやわらげるためには「かねます」を加え、「わかりかねます」「いたしかねます」とします。

## 存じておりません。
フォーマル度 ★★☆

例　□□商事様からのクレームの件は
まったく存じておりません。

使い方▶「存じておりません」は「知りません」「わかりません」の尊敬語にあたりますので、ぶっきらぼうな返答になるのを避けることができます。へりくだった表現にするには「存じ上げておりませんでした」となります。

## 初めてうかがったように思います。
フォーマル度 ★★☆

例　今日中に企画書を作るという件は、
先ほど初めてうかがったように思います。

使い方▶突然降ってわいたような案件に対し、「聞いていません」とはねつけることは控えたいもの。「私の記憶違いでなければ〜」などのクッションことばをつけて、上記のように伝え、歩み寄ってどうにか最善策を練る方向にもっていけるようにしたいものです。

## がんばりました　ねぎらい（上司から部下へ）　:)

### いい経験になったと思います。　フォーマル度 ★☆☆

**例** 今回のコンペに関しましては結果は残念でしたが、いい経験になったと思います。

使い方▶結果を出せなかった部下をねぎらうフレーズです。失敗を叱るのも上司の仕事かもしれませんが、失敗を次に生かしてもらうようにするのもときには大切です。

### 感心しています。　フォーマル度 ★☆☆

**例** いつも報告書がきっちりまとまっていて感心しています。

使い方▶上司から部下への褒めことば、ねぎらいのことばです。部下を萎縮させず、力を伸ばしてやりたいときは、褒めることが効果を発揮します。部下から上司を褒めたいときは「感服」を使います（→P174）。

### 任せて正解でした。　フォーマル度 ★★☆

**例** 荷が重いかとも思いましたが、夏の研修の段取りを君に任せて正解でした。

使い方▶部下の仕事ぶりを高く評価して、仕事を期待どおりにやってくれたという気持ちを伝えるフレーズです。注意したい点があるときは、信頼を寄せることばがけの後にすると、素直に受け入れてもらえる可能性が高くなります。

# 報告します

報告のしかた

## ～についてご報告いたします。　フォーマル度 ★☆☆

例　出張お疲れさまでした。
　　ご不在中の状況についてご報告いたします。

使い方▶報告における基本フレーズです。内容が複数ある場合は、番号をふったり、文頭に●などの印をつけ、各事項を目立たせる工夫を。

## 報告が2つあります。以下のとおりです。　フォーマル度 ★☆☆

例　本日の業務報告です。2つあります。以下のとおりです。
　　1．□□株式会社様から見積り依頼を受ける。
　　2．△△△△△△様のカタログ修正をメールで送付。

使い方▶書き出しで、報告内容がいくつあるか表記し、1、2、3…と書くことで内容が整理され、その後のやりとりも楽になります。

## 報告書を添付します　フォーマル度 ★★☆

例　出張報告書を添付しますので、
　　詳細はそちらをご覧ください。

使い方▶報告書の量が多い場合などは添付書類とし、メールには要点のみを記しておきましょう。そうすることで相手はメールを読むだけで内容がわかり、時間があるときに添付書類に目を通すことができます。

> **Tips!**
> 社内メールは、社内の指示・連絡・報告に使われ、要求されるのは正確さと迅速さです。とはいえ読み手に配慮した「心遣い」を表すことで、業務を合理的に進め、円滑なコミュニケーションを図ることができます。

# 相談したいです

相談を打診

## お時間をいただけますか。　　フォーマル度 ★☆☆

**例** お忙しいのは承知のうえですが、
15分ほど、お時間をいただけますか。

> **使い方▶** 多忙な相手にアドバイスを請いたいときなど、どの程度の時間が必要か提示して、時間を請うのがよいでしょう。何の用件か明確にしておけば、相手もどの程度時間が必要か推測できるので、よりよい打診といえるでしょう。

## お考えをうかがいたいと存じます。　　フォーマル度 ★★☆

**例** 先日お話しした企画の件で、
田辺編集長のお考えをうかがいたいと存じます。

> **使い方▶** 自分の考え、案について相手からの意見が欲しい場合の打診メールです。「ご意見をお聞かせいただけるとありがたいです」「改善策をお聞かせください」などでも。

## 折り入ってご相談がございます。　　フォーマル度 ★★☆

**例** 折り入って高木部長にご相談がございます。
お話しする機会を設けていただけませんでしょうか。

> **使い方▶** メールにすると長くなる、内容が複雑になる、記録に残したくない内容などは、メールで打診して、時間を取ってもらうようにお願いするのが妥当です。だいたいの所要時間をあげておくと親切です。

# お知らせです　　案内・通知

## 〜のご案内　　フォーマル度 ★☆☆

**例**　「朝読書会」メンバー募集のご案内
下記のとおり読書会を開催しています。皆さんも
朝の静かな時間を有意義に過ごしてみませんか。

**使い方▶**社内で同好会、サークルのメンバーを募集するメールです。勧誘、親睦が目的なのでかたい表現は避けて親しみやすい文面にしましょう。

## 〜のお知らせ　　フォーマル度 ★★☆

**例**　新入社員歓迎会開催のお知らせ
桜花満開の候、今年も新しい仲間を迎える時期となりました。つきましては、歓迎会を開催いたします。皆様、万障お繰り合わせのうえ、ぜひご出席ください。

**使い方▶**社内の通知、お知らせのメールでは、宛名は「○○部各位」「○○部の皆様」などとします。詳細は（記）として箇条書きでまとめます。

## 〜について決定いたしました。（通達）　　フォーマル度 ★★☆

**例**　残業時間管理の徹底について、業務の効率化を図るため下記のとおり決定いたしました。各部署におかれましては周知徹底のほど、全社員のご協力お願い致します。

**使い方▶**「通達」は、給与変更や長期休暇、研究会の開催などの業務上の命令、指示、勧告などを伝えるもので、会社側から全社員へ一斉メールで送ります。正式なものなので、あらたまった文章にして、詳細は箇条書きにします。宛名は「社員各位」とします。

# Part 5

# 結び

メールは「あいさつ」で始め、
「あいさつ」で終わりましょう。
簡単なあいさつや、
こちらの期待や気持ちなどを
それとなく伝えます。

## よろしくお願いします 結びのあいさつ

### よろしくお願いします。　　　　　　　　　フォーマル度 ✹

例　どうぞよろしくお願いします。

使い方▶ビジネスメールの結びに使われる頻出フレーズです。何かを依頼した場合は「お手数ですがよろしく〜」などと変えることもできます。また、仕事が続くときは「引き続き〜」とすることもあります。より丁寧にするには「〜お願いいたします」とします。

### 何とぞよろしくお願い申し上げます。　　　フォーマル度 ✹✹

例　ご多忙中のことと存じますが、
　　何とぞご検討のほどよろしくお願い申し上げます。

使い方▶こちらも頻出フレーズです。「何とぞ」とは、「どうぞ」「どうか」などとともに相手に強く願う気持ちを表します。「ご検討のほど」は、「ご確認のほど」「ご一考のほど」などと書き換えることができます。

### ご指導、ご鞭撻を賜りますよう　　　　　フォーマル度 ✹✹✹
### お願い申し上げます。

例　今後ともご指導、ご鞭撻を賜りますよう
　　お願い申し上げます。

使い方▶取引先などへのあらたまった内容を結ぶフレーズです。「ご鞭撻」は「努力するように強く励ますこと」を意味しています。

## よろしくお願いします 結びのあいさつ

### お力添えのほど、よろしくお願いします。
フォーマル度 ★★☆

**例** 展示会の成功に向け全力投球いたしますので、
お力添えのほど、よろしくお願いします。

> 使い方▶これから協力して仕事をしていく場合の文末に使えるフレーズです。「ご協力のほど」「ご指導のほど」としても OK です。

### 楽しみにしております。
フォーマル度 ★★☆

**例** 出張で御地へうかがった折には、
田中様にお目にかかれますのを楽しみにしております。

> 使い方▶打ち合わせや出張日程などが決まったときの結びに最適なフレーズです。打ち合わせが明日なら「明日、13時にお待ちしております」などとしてもよいでしょう。

### お引き立てのほどよろしくお願い申し上げます。
フォーマル度 ★★★

**例** 今後とも一層のお引き立てのほど、
どうぞよろしくお願い申し上げます。

> 使い方▶今後も相変わらずのお付き合いを願う定型フレーズです。このほか「今後とも引き続きご高配のほどお願い申し上げます」というフレーズなどもあります。

## まずはご連絡まで　まとめのあいさつ

### 以上、ご報告まで。　　　　　　　　　　　　　フォーマル度 ★

**例** 以上、お礼とご報告まで。

**使い方▶** 社内での報告のメールなどで使われる簡潔な結びです。「お礼とご報告まで」の「まで」は、強調・感動の意を表すことばなので、この後に文は続きません。

### まずはお知らせまで。　　　　　　　　　　　　フォーマル度 ★

**例** 研修会の詳細につきましては、追ってご連絡いたします。まずはお知らせまで。

**使い方▶** とりあえずおおまかなお知らせをした場合の結びです。例えば、その日の予定を空けておいてもらうために、とりあえず日程だけ早くお知らせした、というニュアンスがあります。

### この段、〜かたがた〜を申し上げます。　　　　フォーマル度 ★★★

**例** この段、ご報告かたがたお礼を申し上げます。

**使い方▶** 「この段」とは、手紙や口上などで前文を指す言い方。「かたがた」は「〜を兼ねて」といった意味の表現です。「報告かたがたお詫びを申し上げます」とも。形式張った言い方なのでかなり目上の方に対して使います。

> **Tips!** 結びのあいさつは、メールの「主文」の後に入れる締めくくるためのことばで、送る相手や内容によって使い分け、簡潔に書き上げることがポイントです。

# まずはご連絡まで  添えることば

## 取り急ぎメールにて   フォーマル度 ★☆☆

**例** 夕べはご相談にのっていただきありがとうございました。取り急ぎメールにてお礼申し上げます。

> **使い方▶** 口頭でお礼を言うのが一番よいことですが、お互い忙しくゆっくり話ができないときなどに「取り急ぎ」感謝を伝えるフレーズ。「取り急ぎ」とは「とりあえず、急いで」というイメージがあります。取引先や目上の方には使わないほうが無難です。「まずは確認のみの連絡になります」と言い換えることができます。

## メールにて恐縮ですが   フォーマル度 ★★☆

**例** メールにて恐縮ですが、まずはお祝い申し上げます。

> **使い方▶** お祝いやお見舞い、お悔やみのことばは本来メールで伝えるのは失礼にあたることもあるので、「メールにて恐縮ですが」と断りを入れると丁寧です。

## 略儀ながらメールにて   フォーマル度 ★★★

**例** 略儀ながらメールにてお悔やみ申し上げます。

> **使い方▶** 「略儀ながら〜」は、「正式の手続きを省略しましたが」という意味です。各種連絡について「略儀ながら、ごあいさつ申し上げます」が結びに多く使われます。「本来ならお目にかかってごあいさつするべきところですが」と書き換えてもよいでしょう。

# 返事をください

返事の依頼

## ご返信をお願いいたします。  フォーマル度 ★

> **例** 地図を添付しました。ご確認いただきましたら、
> 念のためご返信をお願いいたします。
>
> 使い方▶メールの内容を確認してもらい、送信できたか確認したい場合のフレーズです。「念のため」と書くことで、不手際があってはいけないという気概(きがい)も伝わります。急ぎの場合は、「至急ご返信を〜」とします。

## 折り返しご連絡いただけますよう  フォーマル度 ★★

> **例** 恐縮ですが確認いただき、
> 折り返しご連絡いただけますようお願いいたします。
>
> 使い方▶「折り返し」は問いかけに対し、すぐに対応することを意味します。「これを読んだらすぐ返信をお願いします」という意味になります。相手を急がせることになるので、多用しないようにしましょう。また「恐縮ですが」「申し訳ありませんが」などのクッションことばを欠かさないように。

## ご返答いただけますと幸いです。  フォーマル度 ★★★

> **例** お手数ですが、メールをご確認次第
> ご返答いただけますと幸いです。
>
> 使い方▶目上の方に返信を催促するのは控えたいものですが、確認のために必要なこともあります。「〜してください」というのは命令形の一種なので、「〜いただけますと幸いです」と書くのが丁寧です。

# 返事をください

返事の依頼

## ご検討のほど、お願いいたします。　フォーマル度 ★☆☆

**例** スケジュール表を添付いたしましたので、
ご検討のほど、よろしくお願いいたします。

使い方▶目上の方に「返信をください」とは催促しづらいので、「検討してお返事をください」と遠回しに伝えるフレーズです。確実に返事が欲しい場合は「お手数ですがお返事を頂戴できれば幸いです」と書いておきます。

## ご回答いただければ助かります。　フォーマル度 ★★☆

**例** 以上、ご面倒をおかけしますがご調査のうえ、
ご回答いただければ助かります。

使い方▶問い合わせのメールの結びに最適な言い回しです。へりくだった言い方で丁寧に伝えることで、相手に快く回答してもらえるように促しましょう。

## ご一報いただきたく存じます。　フォーマル度 ★★★

**例** お伝えできたことをご確認いたしたく、
受信されましたらご一報いただきたく存じます。

使い方▶「ご一報」は「連絡」のこと。受信したかどうかを確認したいときのフレーズです。目上の方には「お返事ください」という命令調は避けたいので、こちらが頼んだことを「〜してもらう」の謙譲語「〜いただく」という表現を使います。

225

# お体大切に　　いたわりのことば

## よい週末をお過ごしください。　　フォーマル度 ★

**例** お忙しい1週間お疲れ様でした。
どうぞよい週末をお過ごしください。

**使い方**▶メールを送信するのが金曜日の夕方などの場合、相手が旅行などに行く予定がある場合などには、よい週末となるよう祈るフレーズを入れてもよいでしょう。

## お体に気を付けてお過ごしください。　　フォーマル度 ★★

**例** 多忙な毎日だと存じますが、
くれぐれもお体に気を付けてお過ごしください。

**使い方**▶用件を伝えたメールの最後に、多忙な相手をいたわるひと言を入れて。気遣いの文に添えることばは、「どうぞ」または「くれぐれも」のどちらかです。定型なので覚えておきましょう。

## くれぐれもご自愛ください。　　フォーマル度 ★★

**例** 向暑（こうしょ）の折（おり）から、くれぐれもご自愛ください。

**使い方**▶移り変わる四季の変化の中での相手の体をいたわる結びのフレーズです。「向暑の折から」とは「暑さに向かうこと。日増しに暑くなる時期ですが」という季節を表すことば。238ページの「季節のあいさつ」を参考にしてください。「時節柄（季節が季節なのでという意味）〜」と入れればいつでも使えます。

# Part 6

# 使えることばの ヒント集

ビジネスメールを作成するうえで、
知っていると役立つことばの情報を
紹介しています。ご活用ください。

ヒント 1

# ビジネス敬語のヒント

## 敬語は大きく分けて3種類

円滑なビジネスコミュニケーションには敬語が欠かせません。一口に敬語といっても、大きく分けて「丁寧語」「尊敬語」「謙譲語」の3種類があります。ここではビジネスの現場で必要となる尊敬語と謙譲語をみてみましょう。

## 尊敬語と謙譲語は、相手との関係で使い分け

尊敬語は、相手の動作や考え、関係者など、相手に関わるものに敬意を示すことばです。謙譲語は、自分の動作や考え、身内など、自分の側のものをへりくだって言うことばです。どちらも相手に敬意を表するものには違いありませんが、主語になる相手との関係により変わるので注意が必要です。基本的には、主語が相手なら尊敬語、主語が自分または身内(社内の人間)なら謙譲語を使います。

＊よく使う動詞の敬語表現→ P230

## ビジネス敬語のフォーマル度

尊敬語も謙譲語も相手を敬うことばですが、上司や先輩とのやりとりに、「さようでございます」「かしこまりました」といった敬語を使うのは不自然に感じます。

なぜなら、敬語にはさまざまな敬意のレベルがあるからです。「〜でございます」や「かしこまりました」は、お客様や会社の役員クラスの相手に対して使える、本書でいうなら、フォーマル度✹✹✹レベルです。そのため、親しい上司や先輩に対しては違和感があるのです。

敬語には相手との関係に一線を画す効果があるので、日々顔を合わせ協力し合う間柄なら、フォーマル度の低い敬語のほうが親密感が生まれます。一方、お客様に対しては、相手を不快にさせる危険を極力なくすために、フォーマル度の高い敬語を使います。さらにクッションことば（→ P73）を使えば、より丁寧になります。

下の表を参考に、ふさわしい敬意レベルの敬語を選びましょう。

● 敬語フォーマル度早見表

| | | | |
|---|---|---|---|
| 尊敬語 | ✹✹✹ | 特定のことばに言い換える | ご高覧 |
| | ✹✹ | お（ご）＋「になる」「なさる」 | ご覧になる |
| | ✹ | 動詞＋「れる」「られる」 | 見られる |
| 謙譲語 | ✹✹✹ | 特定のことばに言い換える | 拝見する |
| | ✹✹ | 動詞＋させていただく | 見せていただく |
| | ✹✹ | お（ご）＋いたす | お電話いたす |
| | ✹ | お（ご）＋する | ご案内する |

229

● 覚えたい　よく使われる動詞の敬語形

| 基本の動詞 | 丁寧語 | 尊敬語 | 謙譲語 |
|---|---|---|---|
| 言う | 言います | おっしゃる<br>話される | 申し上げる<br>お話しする |
| 行く | 行きます | いらっしゃる<br>おいでになる | 参る<br>伺(うかが)う |
| 教える | 教えます | ご教示、ご指導<br>お教えくださる | お教えする<br>ご説明する |
| 思う | 思います | お思いになる<br>思われる | 存じ上げる<br>存ずる |
| 帰る | 帰ります | お帰りになる<br>帰られる | 失礼する |
| 考える | 考えます | 考えられる<br>お考えになる | 考えさせていただく |
| 聞く | 聞きます | お耳に入る<br>お聞きになる | 承(うけたまわ)る、拝聴する<br>お聞きする |
| 来る | 来ます | お越しになる<br>おいでになる<br>いらっしゃる | 参る<br>伺う |
| 知っている | 知っています | ご存じ | 存じ上げる<br>存じる |
| する | します | される<br>なさる<br>あそばれる | いたす<br>させていただく |
| 食べる | 食べます | 召し上がる<br>お食べになる | いただく<br>頂戴する |
| 見る | 見ます | ご覧になる<br>ご高覧 | 拝見する<br>見せていただく |
| 読む | 読みます | 読まれる<br>お読みになる | 拝読する |

●覚えたい　人、団体、物事を指す敬語の使い分け一覧

| 対象 | 尊敬語 | 謙譲語 |
|---|---|---|
| 会社・組織 | 貴社、御社、貴店、貴行<br>貴会、貴庁 | 当社、弊社、当店、小社<br>当行、当会、当庁 |
| 本人 | ○○様、貴殿、貴兄<br>貴社長 | 私、当方、弊社社長<br>手前ども |
| 品物 | ご厚志、ご高配<br>賜り物、佳品 | 寸志、粗品、粗菓<br>心ばかりの品 |
| 意見 | ご意見、ご意向、ご高説<br>ご卓見 | 私見、愚見、私案 |
| 文書 | 貴信、ご書面 | 弊信、書中、書面 |
| 思いやり | お心遣い、お気持ち<br>ご厚情、御芳情 | 気持ち、微意 |
| 訪問 | ご来訪、ご来店<br>お立ち寄り、ご来駕 | お伺い、お訪ね、参上 |
| 著書 | ご著書、ご高著 | 拙著 |
| 父 | お父様、お父上<br>ご尊父様 | 父、父親、老父 |
| 母 | お母様、お母上<br>ご母堂様 | 母、母親、老母 |
| 夫 | ご主人様、ご夫君 | 夫、主人 |
| 妻 | 奥様、奥方様、令夫人 | 妻、家内、女房 |
| 息子 | ご子息、ご令息 | 息子、長(次)男、せがれ |
| 娘 | お嬢様、ご息女、ご令嬢 | 娘、長(次)女 |
| 子ども | お子様、お子様方<br>お子さん | 子ども、子どもたち |
| 家族 | ご家族の皆様、ご一同様 | 私ども、家の者<br>家族一同 |

## ビジネス特有の言い回し

ビジネスの現場では、その状況にふさわしい言い回しがあります。返答の仕方一つとっても「わかりました」ではなく「承知しました」、「できない」は「いたしかねます」とすることで、ソフトで丁寧な印象になります。

また、話しことばでも、「明日（あした）」を「明日（あす）」、「明後日（あさって）」を「明後日（みょうごにち）」のように、漢字は同じでも読み方が異なることばや、「今日」を「本日」、「この間」を「先日」と、単語そのものを言い換えることばがあります。下や右ページの一覧を確認し、会話やメールの際に気を付けて使うことで、徐々にビジネスの言い回しに慣れていきましょう。

●覚えたい　ビジネス特有の言い回し

| 普段 | ビジネスシーン |
| --- | --- |
| いいです | 結構です |
| いいですか | よろしいでしょうか |
| してください | 〜していただけますか |
| 〜はやめてください | おひかえいただけますか |
| すみません | 申し訳ありません、申し訳ございません |
| すみませんが | お手数ですが、恐れ入りますが |
| そうです | さようでございます |
| 大丈夫です | 結構です、問題ありません |
| できません | いたしかねます |
| どうしますか | いかがなさいますか |
| わかりました | かしこまりました、承知しました |
| わかりません | 存じません、わかりかねます |

● 覚えたい　ビジネス特有のことば

| 日常語 | ビジネスシーン | 日常語 | ビジネスシーン |
| --- | --- | --- | --- |
| 明日（あした） | 明日（あす） | 今度 | このたび |
| 明後日（あさって） | 明後日（みょうごにち） | さっき | 先ほど |
| 昨日の夜 | 昨夜 | どこ | どちら |
| 明日の朝 | 明朝 | こっち | こちら |
| 明日以降 | 後日 | そっち | そちら |
| 今年 | 本年 | あっち | あちら |
| この間 | 先日、過日、先般 | どっち | どちら |
| その日 | 当日 | ちょっと | 少々、少し |
| 去年（きょねん） | 昨年（さくねん） | とても | 大変 |
| 一昨年（おととし） | 一昨年（いっさくねん） | すごく | 非常に |
| もうすぐ | まもなく | どのくらい | いかほど |
| いま | ただいま | 少し | 些少（さしょう） |
| 前に | 以前 | 多い | 多大 |
| あとで | 後ほど | 〜ぐらい | 〜ほど |
| すぐに | さっそく | | |

この度は
大変お世話に
なりました。

## 「お」と「ご」の使い分け

ことばを丁寧に言おうとする場合、ことばの前に「お」や「ご」をつけて丁寧語にすることがあります。なかには例外もありますが、使い方の3つの基本ルールを押さえておきましょう。

### 1.「お」や「ご」をつけるのは相手に関するものや動作のみ

「お」や「ご」をつけるのは相手に関するものや動作のみで、自分に関するもの、動作にはつけない。

> 例 ：相手の動作に対して：ご参加ありがとうございます。
> 　　 自分の動作に対して：参加いたします。
> 例外：「ご連絡いたします」「お知らせ申し上げます」「おうかがいいたします」など、相手に対しての動作。

### 2.「お」は和語に、「ご」は漢語に

「お」は訓読みする日本固有の和語に、「ご」は音読みする漢字で作られる漢語につける。

> 例 ：「お」＋和語
> 　　 お名前、お着き、お考え、お忙しい
> 　　 「ご」＋漢語
> 　　 ご氏名、ご到着、ご意見、ご多忙
> 例外：「お約束」「お食事」など、「お」＋漢語のことばもある。また、「お返事」には「ご返事」という言い方もあり、両方とも正しい言い方となる。

3．「お」や「ご」をつけてはいけないことば

- **外来語**…パソコン、タクシー、マニュアルなど

(例外：おタバコ、おビール、おトイレなど慣用化しているもの)

- **自然現象、果物、動植物など**…雨、メロン、パンダ、バラなど
- **役職、職業**…社長、医師、建築家など
- **公共物**…道路、図書館、学校、病院、会議室など

## 二重敬語に気を付ける

丁寧に言おうと思うあまり、1つのことばに同じ種類の敬語を2つ以上重ねてしまう二重敬語に気を付けましょう。

> 例：×「○○様のおっしゃられたとおりです」
> ○「○○様のおっしゃるとおりです」
> おっしゃる（尊敬語）＋られる（尊敬語）で二重敬語

二重敬語は相手に著しい不快感を与えることは少ないですが、文法的に誤りであり、文章も長くなることから回りくどい印象になるので避けましょう。

## 「〜させていただく」の使い方を見直そう

自分側の行為をへりくだって表現する「させていただく」を使うと丁寧語になると考え、多用する人が増えています。

本来、「させていただく」ということばは、相手からの許可を得て行う場合に使う表現。そのため、相手からの許可や依頼がないのに、「提案させていただきます」「送らせていただきます」などとするのは適切ではありません。こちらの主体的な行為であれば、上記の例は「ご提案いたします」「お送りします」にします。

## ヒント 2
# 読みやすいメール文章作成のヒント

### 📩 文章は短く、つなぎことばを活用

　メールの文章は簡潔で、読みやすいものであることが大切です。一文の長さは、できれば50文字以下でおさめるようにします。

　短くした際、「したがって」「つまり」など続く文章との関係を示す「つなぎことば」をうまく使うことで、流れがスムーズになるとともに、相手の内容の把握の手助けになります。

> 例：資料をお送りします。つきましてはお手元に届きましたら
> 　　ご一報いただければ幸いです。（順接）
> 　　ご説明しました。しかしご理解いただけませんでした。（逆接）

●つなぎことばの例

| 用途 | 働き | 例 |
| --- | --- | --- |
| 順接 | 前の事柄が原因、理由となり後の文が結果、結論になる | だから、したがって すると、そこで、よって |
| 説明 | 前の文の説明、補足となるつなぎ | すなわち、ただし、例えば つまり、なぜなら |
| 逆接 | 前の事柄から予想されることとは異なるつなぎ | けれども、しかし、だが でも、ところが |
| 転換 | 前の事柄と話を変えて続けるつなぎ | それでは、さて、では ときに、ところで |
| 並列・累加 | 前の事柄に並べたり、加えたりする | さらに、しかも、そして それに、なお、また |
| 対比・選択 | 前の事柄を比べたり選んだりする | あるいは、それとも または、もしくは |

## ひらがなと漢字のバランスは 7：3

メールを開いたとき、漢字が多い画面はかたくるしい印象を与えます。メールの場合は手書きと違い、文字間隔の調整ができず詰まって見えるためです。

メール本文に占めるひらがなと漢字の割合は 7：3 が理想と言われています。副詞や接続詞は、漢字よりひらがな表記にするとソフトな印象になります。漢字のまま表記すべきなのは、会社名や名前など名詞や固有名詞です。ひらがなを多めに使い、読みやすい印象のメールとなるように工夫しましょう。

●ひらがな表記がよいことばの例

| 或いは | あるいは | 有る | ある（予定がある） |
|---|---|---|---|
| 及び | および | 行く | いく（増えていく） |
| 且つ | かつ | 有り難う | ありがとう |
| 従って | したがって | 頂く | いただく（来ていただく） |
| 全て | すべて | 御礼 | お礼 |
| 然し | しかし | 下さい | ください（送ってください） |
| 但し | ただし | 事 | こと（そのことは〜） |
| 尚 | なお | 為 | ため（念のため） |
| 何卒 | 何とぞ | 出来る | できる（参加できます） |
| 並びに | ならびに | 通り | とおり（次のとおり） |
| 先ず | まず | 時 | とき（話したとき〜） |
| 又 | また | 所 | ところ（確認したところ） |
| 宜しく | よろしく | 無い | ない（連絡がない） |
| 既に | すでに | 良い | よい（電話をしてもよい） |
| 更に | さらに | 訳 | わけ（決めるわけはない） |

## ヒント 3
# 知っ得　季節のあいさつ

メールの書き出しでは「いつもお世話になっております」などの定型があります（→ P41）。しかし、催し物の案内や久しぶりにメールを送る場合などには、季節や気候に触れ、相手を気遣うフレーズを入れてみるのもよいでしょう。メールの印象がやわらかくなります。

> 例：寒気厳しい折でございますが、田中様にはますますご活躍のことと存じます。
> 　　風薫るさわやかな季節となりました。恒例の○○フェア開催をお知らせいたします。

### 1月
### 睦月（むつき）
・新春の候
・初春の候
・厳寒（げんかん）の候
・寒さ厳しき折
・寒さひときわ身にしむ今日この頃
・例年にない寒さですが
・寒気厳しい折でございますが

### 2月
### 如月（きさらぎ）
・残寒（ざんかん）の候
・余寒（よかん）の候
・春寒（しゅんかん）の候
・向春（こうしゅん）の候
・梅花（ばいか）の候
・立春とは名ばかりの寒さ
・梅のつぼみもようやくふくらみ

### 3月
### 弥生（やよい）
・早春の候
・春陽（しゅんよう）の候
・春分の候
・浅春（せんしゅん）の候
・春まだ浅き今日この頃
・水ぬるむ季節となりました
・桜の開花を待ちわびる季節

### 4月
### 卯月（うづき）
・陽春（ようしゅん）の候
・仲春（ちゅうしゅん）の候
・春暖（しゅんだん）の候
・桜花（おうか）の候
・春たけなわの季節となりました
・春爛漫（らんまん）の季節
・花冷えのする今日この頃

### 5月
### 皐月（さつき）
・新緑の候
・若葉の候
・薫風（くんぷう）の候
・立夏（りっか）の候

- 新緑が目に鮮やかな季節
- 新緑の輝く季節
- 風薫るさわやかな季節

## 6月
### 水無月（みなづき）

- 初夏の候
- 青葉の候
- 向暑(こうしょ)の候
- 入梅(にゅうばい)の候
- 麦秋(ばくしゅう)の候
- あじさいの花が美しい季節
- 梅雨明けが待たれる今日この頃

## 7月
### 文月（ふみづき）

- 盛夏(せいか)の候
- 猛暑の候
- 炎暑(えんしょ)の候
- 大暑(たいしょ)の候
- 梅雨もようやく明け
- 暑さ厳しき折
- 待ちに待った夏本番となり

## 8月
### 葉月（はづき）

- 残暑の候
- 残夏(ざんか)の候
- 晩夏(ばんか)の候
- 秋暑(しゅうしょ)の候
- 立秋の候
- 残暑厳しき折
- 立秋とは名ばかりの暑さですが

## 9月
### 長月（ながつき）

- 初秋の候
- 新秋(しんしゅう)の候
- 秋涼(しゅうりょう)の候
- 清涼(せいりょう)の候
- 朝夕はだいぶ暑さも遠のいて
- さわやかな秋晴れの空の下
- 日増しに秋の気配が濃くなり

## 10月
### 神無月（かんなづき）

- 秋冷(しゅうれい)の候
- 清秋(せいしゅう)の候
- 仲秋(ちゅうしゅう)の候
- 錦秋(きんしゅう)の候
- 日増しに秋も深まって
- 野山もすっかり秋の装いとなり
- 秋風が冷たく感じられるこの頃

## 11月
### 霜月（しもつき）

- 晩秋の候
- 向寒(こうかん)の候
- 暮秋(ぼしゅう)の候
- 落ち葉の候
- 初霜の候
- 菊の香り高い季節を迎え
- 日ごとに冷気も厳しくなり

## 12月
### 師走（しわす）

- 初冬の候
- 寒冷(かんれい)の候
- 師走の候
- 歳末の候
- 年末の候
- あわただしい年の瀬を迎え
- 木枯らしが吹きすさぶ季節

## ヒント 4

# 使える　ビジネスメールのあいさつ文

ビジネスメールの書き出しや結びで使えるあいさつ文をまとめました。
テーマやフォーマル度に合わせ、組み合わせてご活用ください。

### ●日頃のお礼など 書き出し

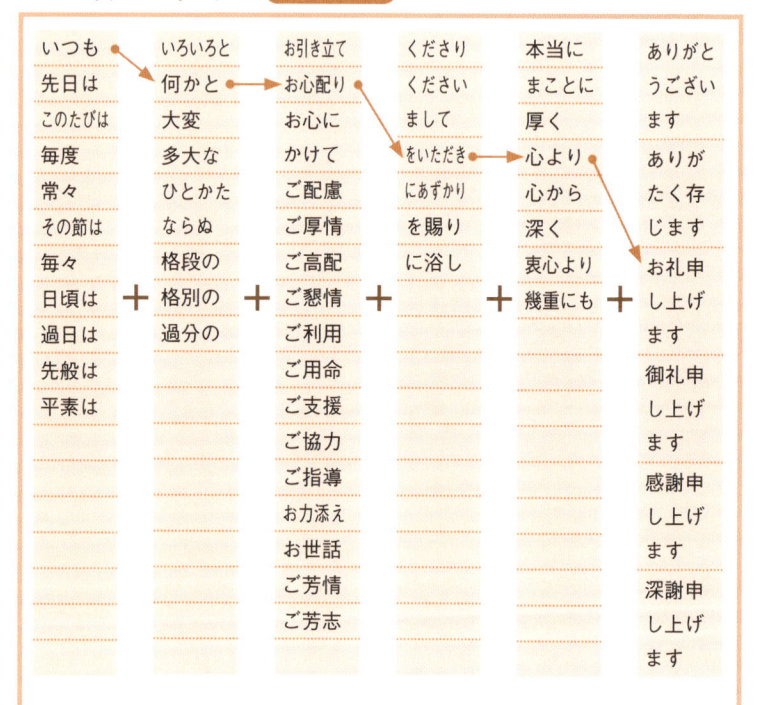

| | | | | | |
|---|---|---|---|---|---|
| いつも | いろいろと | お引き立て | くださり | 本当に | ありがとうございます |
| 先日は | 何かと | お心配り | ください | まことに | |
| このたびは | 大変 | お心に | まして | 厚く | |
| 毎度 | 多大な | かけて | をいただき | 心より | ありがたく存じます |
| 常々 | ひとかた | ご配慮 | にあずかり | 心から | |
| その節は | ならぬ | ご厚情 | を賜り | 深く | |
| 毎々 | 格段の | ご高配 | に浴し | 衷心より | お礼申し上げます |
| 日頃は | 格別の | ご懇情 | | 幾重にも | |
| 過日は | 過分の | ご利用 | | | |
| 先般は | | ご用命 | | | 御礼申し上げます |
| 平素は | | ご支援 | | | |
| | | ご協力 | | | |
| | | ご指導 | | | 感謝申し上げます |
| | | お力添え | | | |
| | | お世話 | | | |
| | | ご芳情 | | | 深謝申し上げます |
| | | ご芳志 | | | |

例：いつも何かとお心配りをいただき、心よりお礼申し上げます。
　　このたびは多大なご支援をいただき、まことにありがとうございます。
　　日頃はひとかたならぬご高配にあずかり、深謝申し上げます。
　　平素は格別のお引き立てを賜り、厚く御礼申し上げます。

## ●今後につなげる 結び

| これからも<br>引き続き<br>今後も<br>今後とも | ＋ | どうぞ<br>よろしく<br>一層の<br>変わらぬ<br>末長い<br>倍旧の | ＋ | ご協力<br>ご利用<br>ご指導<br>ご支援<br>お力添え<br>ご用命<br>お引き立て<br>ご厚情<br>ご高配<br>ご愛顧 | ＋ | のほど<br>ください<br>ますよう<br>をいただき<br>ますよう<br>を賜りま<br>すよう<br>を賜りたく | ＋ | お願いし<br>ます<br>お願いい<br>たします<br>お願い申し<br>上げます |

例：今後ともよろしくご協力のほどお願いいたします。
　　今後も一層のお引き立てをいただきますよう、お願い申し上げます。
　　今後とも変わらぬご厚情を賜りますよう、お願い申し上げます。
　　これからも倍旧のご支援を賜りたく、お願い申し上げます。

## ●安否の尋ね 書き出し

| 貴社（には、におかれましては）<br>御社（には、におかれましては）<br>貴店（には、におかれましては）<br>皆様（には、におかれましては） | ＋ | ますます<br>いよいよ<br>一段と<br>なお一層 | ＋ | ご活躍<br>ご隆盛<br>ご隆昌<br>ご盛栄<br>ご繁栄<br>ご発展<br>ご清祥<br>ご清栄<br>ご健勝 | ＋ | のことと<br>の由<br>の段<br>の趣<br>とのこと | ＋ | お喜び申し上げます<br>お慶び申し上げます<br>存じます<br>何よりと存じます<br>拝察いたします<br>大慶に存じます<br>慶賀の至りに存じます |
|---|---|---|---|---|---|---|---|---|

例：貴社いよいよご隆盛の由、お慶び申し上げます。
　　○○様にはますますご活躍のことと拝察いたします。

## ●繁栄や健康を祈る 結び

| 貴社の<br>御社の<br>貴店の<br>皆様の | ＋ | 一層の<br>今後一層の<br>いよいよの<br>ますますの | ＋ | ご隆盛を<br>ご隆昌を<br>ご繁栄を<br>ご発展を<br>ご活躍を<br>ご多幸を<br>ご健康を | ＋ | 心より<br>心から<br>ひとえに<br>衷心より | ＋ | お祈りいたします<br>お祈りいたしております<br>お祈り申し上げます<br>祈念いたします |
|---|---|---|---|---|---|---|---|---|

例：貴社の今後一層のご発展を心よりお祈り申し上げます。
　　皆様の一層のご活躍を祈念いたします。

## ■まとめのあいさつ 結び

P241の「今後につなげる」結びや、左ページの「繁栄や健康を祈る」を入れる場合は省略できます。

| まずは取り急ぎ<br>以上<br>まずは<br>取り急ぎ | ＋ | メールにて<br>略儀ながら<br>粗略ながら | ＋ | 用件のみ<br>ごあいさつまで<br>お礼まで<br>ご案内まで<br>ご通知まで<br>ご連絡まで<br>お知らせまで<br>ご報告まで<br>ご案内かたがたお願いまで<br>お礼かたがたお願いまで<br>ご報告とお知らせまで<br>用件のみ申し上げます<br>ご連絡いたします<br>お知らせいたします<br>ご報告いたします<br>ごあいさつ申し上げます<br>ご案内申し上げます<br>ご通知申し上げます<br>お祝い申し上げます<br>お詫び申し上げます<br>御礼申し上げます |

例：まずは取り急ぎ、ご連絡まで。
　　以上、ご連絡いたします。
　　まずは、ご案内かたがたお願いまで。
　　以上、ご報告とお知らせまで。
　　以上、用件のみ申し上げます。
　　以上、取り急ぎご報告いたします。

### シンプルな結びのあいさつ

何とぞ、よろしくお願いいたします。
以上、よろしくお願いいたします。
これからも、どうぞよろしくお願いいたします。
よろしくお願い申し上げます。

ヒント 5

# 使える　ビジネス用語

ビジネスシーンでよく登場することばを一覧にしました。定型文として定着していることばを使いこなすことで、読む相手に安心感を与えることができます。また、使ったことはあるものの、よく意味を知らなかったということばは、この機会に覚えておきましょう。

| | | 読み | 意味や使い方 |
|---|---|---|---|
| あ | (ご)愛顧 | ご・あい・こ | (相手が)ひいき・目をかけること |
| | 遺憾 | い・かん | 残念なこと。不満・困ったことと思うこと |
| | (ご)引見 | ご・いん・けん | ご面会。対面してもらうことの相手を立てた言い方 |
| | お取り計らい | お・とり・はからい | 相手が考えて、うまく処理すること |
| | お引き立て | お・ひき・たて | 相手が特に目をかけてひいきにすること |
| | お申し越し | お・もうし・こし | 相手が言ってよこしたこと |
| | 御社 | おん・しゃ | 相手の会社を尊敬していう呼び方。類語：貴社 |
| | 御地 | おん・ち | 相手の所在地を尊敬していう呼び方。類語：貴地 |
| か | (ご)快諾 | ご・かい・だく | (相手が)気持ちよく引き受けること |
| | (ご)回答 | ご・かい・とう | (相手が)問い合わせに対してする正式な返事 |
| | (ご)海容 | ご・かい・よう | (相手が)海のように広く大きな気持ちで許すこと。類語：ご寛恕 |
| | 各位 | かく・い | 同じメールや文書を対象にするそれぞれに敬意を表す皆様方の意味 |
| | 格段の | かく・だん・の | なかでも特別の意味。類語：格別の |
| | 格別の | かく・べつ・の | なかでも特別の意味。類語：格段の |
| | 過日 | か・じつ | 先日の意味。類語：先日・先般 |
| | (ご)勘案 | ご・かん・あん | いろいろなことを考え合わせること。類語：ご斟酌 |
| | (ご)寛恕 | ご・かん・じょ | (相手が)心が広く許すこと。類語：ご海容 |
| | 貴意 | き・い | 相手の意思や意見を尊敬した言い方 |
| | 貴下 | き・か | 同輩や部下を指す「あなた」。男性同士のやりとりのみで使用 |
| | 貴兄 | き・けい | 同輩程度の相手を指す「あなた」。男性同士のやりとりでのみ使用 |
| | 貴社 | き・しゃ | 相手の会社を尊敬していう呼び方。類語：御社 |
| | 貴信 | き・しん | 相手からの通信を尊敬した言い方 |

| | | | |
|---|---|---|---|
| | 貴台 | き・だい | 相手のことを尊敬していう呼び方。あなた様の意味。男女にかかわらず使用 |
| | 貴地 | き・ち | 相手の所在する土地を尊敬していう呼び方。類語：御地・そらち |
| | 祈念 | き・ねん | 願い事を祈り、その達成を念じること |
| | (ご)教示 | ご・きょう・じ | (相手が)教え示すこと |
| | 恐縮 | きょう・しゅく | 身も縮まるほど恐れ入ること |
| | 苦慮 | く・りょ | いろいろと苦しみながら考えること |
| | 慶賀 | けい・が | 祝い・喜びのこと。格式をもったあいさつで使う |
| | (ご)恵送 | ご・けい・そう | (相手から)物を送られることの尊敬語。主に気遣いの品や物品などに使われる |
| | (ご)恵贈 | ご・けい・ぞう | (相手から)物を贈られることの尊敬語。主に気遣いの品や金品、寄付などに使われる |
| | (ご)賢察 | ご・けん・さつ | (相手が)うまく推察してくれることを尊敬した言い方。類語：ご高察 |
| | (ご)検収 | ご・けん・しゅう | (相手が)届いた品物が注文通りか、確認して受け取ること |
| | (ご)健勝 | ご・けん・しょう | (相手の)丈夫・健康なことを祝うあいさつのことば |
| | (ご)交誼 | ご・こう・ぎ | (相手が)親しく交際してくれること |
| | (ご)高見 | ご・こう・けん | (相手の)意見を尊敬した言い方 |
| | (ご)高察 | ご・こう・さつ | (相手が)推察することを尊敬した言い方。類語：ご賢察 |
| | (ご)高承 | ご・こう・しょう | (相手が)承知することで、ご承知よりさらに相手を尊敬した言い方 |
| | (ご)厚情 | ご・こう・じょう | (相手の)厚い情け。厚意 |
| | (ご)高配 | ご・こう・はい | (相手が)気を配ってくれることを尊敬した言い方 |
| | (ご)高評 | ご・こう・ひょう | (相手の)意見や考えを尊敬した言い方 |
| | (ご)高覧 | ご・こう・らん | (相手が)見る・読むことを尊敬した言い方 |
| | ご指導ご鞭撻 | ご・し・どう・ご・べん・たつ | (相手が)教え導き、怠ることのないよう強く励ますこと |
| | (ご)懇情 | ご・こん・じょう | (相手の)親切な気持ち |
| | 困惑 | こん・わく | どうしてよいか困り果てること |
| さ | (ご)査収 | ご・さ・しゅう | (相手が)調べて受け取ること |
| | 参上 | さん・じょう | 相手のところへ行くことのへりくだった言い方 |
| | 時下 | じ・か | このごろ。時候のあいさつで、季節にこだわらず使える |
| | 仕儀 | し・ぎ | ことのなりゆき。事情 |

| |  |  |  |
|---|---|---|---|
| | 次第です | し・だい・です | ～という事情・わけですとのこと |
| | (ご)叱正 | ご・しっ・せい | (相手が)叱ってただすこと |
| | (ご)叱責 | ご・しっ・せき | (相手が)叱って責めること |
| | 失念 | しつ・ねん | うっかり忘れること |
| | 受諾 | じゅ・だく | 引き受けること。類語：承諾 |
| | (ご)受納 | ご・じゅ・のう | (相手が)引き取って納めること |
| | 小社 | しょう・しゃ | 自分の会社のへりくだった言い方。類語：弊社・当社 |
| | 承諾 | しょう・だく | 引き受け・聞き入れること。類語：承知 |
| | 承知 | しょう・ち | 事情を知ったうえで、聞き入れること。類語：承諾 |
| | (ご)笑納 | ご・しょう・のう | (相手に)贈り物を受け取ってもらうときのへりくだった言い方 |
| | 承服 | しょう・ふく | 承知してしたがうこと |
| | 所存です | しょ・ぞん・です | 考え・意見ですの意味。つもりです |
| | 深謝 | しん・しゃ | 深く感謝すること。ひたすら詫びること |
| | (ご)斟酌 | ご・しん・しゃく | (相手が)こちらの事情をくんでくれる・手加減してくれること |
| | (ご)尽力 | ご・じん・りょく | (相手が)力を尽くすこと・骨を折ること |
| | (ご)清栄 | ご・せい・えい | (相手が)丈夫・健康であることを祝うことば |
| | (ご)盛栄 | ご・せい・えい | (相手の)事業が発展していることを祝うことば |
| | (ご)清祥 | ご・せい・しょう | (相手が)丈夫で、幸せに暮らしていることを喜ぶことば |
| | 精励 | せい・れい | 努め、励むこと |
| | 先般 | せん・ぱん | この間。類語：過日・先日 |
| | (ご)足労 | ご・そく・ろう | (相手に)足を運ばせる・来てもらうこと |
| た | 大過なく | たい・か・なく | 大きな過ちがなくの意味 |
| | 大慶 | たい・けい | 大変にめでたいこと |
| | (ご)多幸 | ご・た・こう | (相手に)多くのよいこと・幸福があること |
| | 賜物 | たま・もの | おかげ・むくいのこと |
| | 賜る | たまわ・る | いただく・「いただく」より、ていねいなことば |
| | (～の)段 | ～の・だん | ～のこと |
| | 着荷 | ちゃっ・か | ちゃく・にとも。荷物が着くこと |
| | 衷心より | ちゅう・しん・より | 心の奥深くから |
| | 陳謝 | ちん・しゃ | 「陳」は述べるの意味。わけを言ってお詫びすること |
| | 丁重 | てい・ちょう | 手厚いこと。礼や気配りが行き届いていること |
| | 当惑 | とう・わく | どうしてよいかわからず、とまどうこと |

| |  |  |  |
|---|---|---|---|
| は | 倍旧 | ばい・きゅう | 前よりいっそう増すこと |
| | 拝察 | はい・さつ | 推察することのへりくだった言い方 |
| | 拝受 | はい・じゅ | 受け取ることのへりくだった言い方 |
| | 拝趨 | はい・すう | 相手のところへ出かけていくのへりくだった言い方 |
| | 拝聴 | はい・ちょう | 「聞く」ことのへりくだった言い方 |
| | 拝読 | はい・どく | 「読む」ことのへりくだった言い方 |
| | 拝眉 | はい・び | 相手に会うことをへりくだった言い方 |
| | 万障 | ばん・しょう | いろいろなさしさわり。「万障お繰り合わせのうえ〜」と使われる |
| | 一方ならぬ | ひと・かた・ならぬ | 大変。「ひとかたならぬ」と、かな表記が多い |
| | 弊社 | へい・しゃ | 自分の会社のへりくだった言い方。類語：小社・当社 |
| | 平素 | へい・そ | 日ごろ |
| | (ご)芳名 | ご・ほう・めい | (相手の)氏名を指す丁寧な言い方 |
| ま | 邁進 | まい・しん | ひるまずに、突き進むこと |
| | 毎々 | まい・まい | いつも。類語：平素 |
| | 見計らい | み・はか・らい | 自分で適当な物を選ぶこと |
| | 未着 | み・ちゃく | まだ着かないこと |
| や | (ご)猶予 | ご・ゆう・よ | (相手が)予定の日時を先にのばすこと |
| | (ご)容赦 | ご・よう・しゃ | (相手が)許すこと |
| | (ご)用命 | ご・よう・めい | (相手が)言いつかった用事、注文のこと |
| | (〜の)由 | 〜の・よし | 〜のことと。〜だそうでの意味 |
| ら | (ご)来駕 | ご・らい・が | (相手が)来ることの尊敬した言い方 |
| | (ご)来臨 | ご・らい・りん | (相手が)出席することを尊敬した言い方 |
| | (ご)留意 | ご・りゅう・い | (相手が)心にとめて、忘れないようにすること。注意 |
| | (ご)隆昌 | ご・りゅう・しょう | (相手が)大いに栄えることを祝うことば。類語：ご隆盛 |
| | (ご)隆盛 | ご・りゅう・せい | (相手が)大いに栄えることを祝うことば。類語：ご隆昌 |
| | (ご)了解 | ご・りょう・かい | (相手が)こちらの言っている内容を理解すること |
| | (ご)領収 | ご・りょう・しゅう | (相手が)金銭などを受け取ること |
| | (ご)了承 | ご・りょう・しょう | (相手が)事情をのみこんで、承知すること |
| | 稟議 | りん・ぎ | 会議を開かずに関係者に案を回して承認を得ること |
| | (ご)臨席 | ご・りん・せき | (相手が)会合や式に出ること |

## シーン別さくいん

### 案内　……… 160

**お知らせです** ……… 160
行います。
実施することとなりましたので
執り行います。
〜を開催します。 ……… 161
開催いたすことになりましたので
開催する運びとなりました。

**来てください** ……… 162
ふるってご参加ください。
お待ち申し上げております。
ご出席賜りますようご案内申し上げます。
ご覧いただきたく ……… 163
ご高評をいただきたく
ご訓戒などを承りたく
ご都合がよろしければ ……… 164
万障お繰り合わせのうえ
ご多忙とは承知しておりますが
お仲間を誘って ……… 165
皆様おそろいで
○○様もどうぞご一緒に

### 異動・移転　……… 196

**異動しました** ……… 196
〜に異動しました。
〜に配属されました。
〜へ転出いたしました。

**任されました** ……… 197
〜に選出されました。
後任として○○があたらせていただきます。
〜に就任することと相なりました。

**着任しました** ……… 198
着任しました。
過日着任いたしました。
赴任いたしました。

これからは私、○○が担当いたします。 ……… 199
私こと○○が勤めさせていただきます。
△△に代わりまして私こと○○がご用命を
　承ることになりました。

**移転しました** ……… 200
下記へ移転しました。
移転する運びとなりました。
ご案内申し上げます。
新社屋には〜があり ……… 201
新事務所は○○駅から徒歩○分のところです。
新店舗は〜となり〜していただけようになりました。

### お祝い　……… 180

**おめでとう** ……… 180
おめでとうございます。
心からご祝詞申し上げます。
衷心よりお祝い申し上げます。
喜ばしいかぎりです。 ……… 181
お喜び申し上げます。
謹んでお慶び申し上げます。
心より祝福申し上げます。 ……… 182
慶賀の至りに存じます。
欣快の至りでございます。
皆様もさぞお喜びのことと存じます。 ……… 183
お喜びはいかばかりかと拝察いたします。
雀躍いたしております。

**がんばって** ……… 184
存分にご活躍ください。
成功を収められることと信じております。
さらなる〜をご祈念申し上げます。
今後一層の〜を期待しております。 ……… 185
先達としてご奮闘なさることと
　確信しております。
ご発展とご繁栄をお祈り申し上げます。

### お断り　……… 130

**お断りします** ……… 130
お断りします。
〜のため、お断りしております。
お断りせざるを得ません。

お受けできません。 ………………… 131
遠慮させていただきます。
お気持ちだけ頂戴します。
これまでどおりにお願いします。 ………… 132
認められません。
承ることは困難でございます。
難しい状況です。 ………………… 133
見送らせていただくほかなく
私の一存では決めかねます。
お受けすることはできません。 ………… 134
〜のため、お引き受けできない次第です。
承るのは厳しいとの
　結論に達しました。
辞退させていただきます。 ………………… 135
辞退せざるを得ません。
ご要望には添いかねます。
まだ荷が重すぎます。 ………………… 136
勘弁していただきたく存じます。
ご容赦賜りたく存じます。
今のところ必要ありません。 ………… 137
不要にございます。
ご遠慮申し上げます。

**クッションことば【お断り】** ………… 138

### お願い　　　　　　　　86

**お願いします** ………………………… 86
お願いできますか。
願えませんでしょうか。
〜をお願いできませんでしょうか。
〜していただけますか。 ………………… 87
〜していただけませんでしょうか。
〜していただきたく存じます。
〜してもらえませんか ………………… 88
ご依頼できますでしょうか。
〜いただきたく、ご依頼申し上げます。
〜してください。 ………………… 89
〜していただけると幸いです。
〜よう、お願い申し上げます。
〜したいのですが、 ………………… 90
　お願いできますか。
お願いしたく存じます。
〜いただきたくご依頼申し上げます。
切にお願い申し上げます。 ………… 91

伏してお願い申し上げます。
ご無理を承知で申し上げますが
内情をご理解いただき ………………… 92
当方の事情をご賢察のうえ
何とぞ窮状をお察しいただき
このうえは○○様にお願いするほかなく … 93
ご相談できるのは○○様だけですので
他に頼るところもございません。

**ご検討ください** ………………………… 94
ご検討いただけますか。
ご検討をお願いできますでしょうか。
ご一考いただければ幸いです。

**クッションことば【お願い】** ………… 95

### お見舞い　　　　　　186

**大丈夫ですか** ………………………… 186
心よりお見舞い申し上げます。
お慰めのことばもございません。
謹んでお見舞い申し上げます。
ご無事でしょうか。 ………………… 187
経過はいかがでしょうか。
心よりご案じ申し上げております。

**驚いています** ………………………… 188
大変驚いています。
ただただ驚くばかりです。
耳を疑うばかりです。

**ことばがありません** ………………… 189
ことばを失いました。
ご同情に堪えません。
さぞお困りのことと存じます。

**回復を祈ります** ………………………… 190
ご回復をお祈りしています。
全快されますようお祈り申し上げます。
ご養生なさることを願っています。

**復旧を祈ります** ………………………… 191
ご復旧をお祈りします。
一日も早いご再建をお祈り申し上げます。
ご自愛のほどお祈りしております。

## お礼　　　　　　　　　　　　　48

**ありがとう**　　　　　　　　　　48
ありがとうございます。
本当にありがとうございました。
まことにありがとうございます。
〜のお礼をと思い　　　　　　　　49
ありがたく御礼申し上げます。
重ねて御礼申し上げます。
何とお礼を言ったらよいのか…。　50
お礼のことばも見つかりません。
厚く御礼申し上げます。

**感謝しています**　　　　　　　　51
感謝しています。
感謝の気持ちがやみません。
心より感謝申し上げます。
感謝の気持ちでいっぱいです。　　52
ただただ感謝しています。
深謝いたしております。

**恐れ入ります**　　　　　　　　　53
恐縮です。
まことに恐れ入ります。
恐縮至極に存じます。

**もったいないです**　　　　　　　54
もったいないです。
かたじけなく存じます。
痛み入ります。

**ありがたい**　　　　　　　　　　55
ありがたかったです。
胸がいっぱいになりました。
感激しております。

**恩は忘れません**　　　　　　　　56
恩に着ます。
足を向けて寝られません。
このご懇情は一生忘れません。

**おかげさまで**　　　　　　　　　57
〜のおかげで
お手数をおかけしましたが
お骨折りいただきまして

## お詫び　　　　　　　　　　　　58

**ごめんなさい**　　　　　　　　　58
すみません。
失礼しました。
大変失礼いたしました。
申し訳ありません。　　　　　　　59
申し訳ございませんでした。
申し訳なく恐縮しております。
謝ります。　　　　　　　　　　　60
心より謝罪いたします。
陳謝いたします。
お詫びいたします。　　　　　　　61
お詫びのことばもございません。
謹んでお詫び申し上げます。
申し開きできません。　　　　　　62
面目次第もありません。
弁解の余地もございません。

**心配をかけました**　　　　　　　63
ご心配をおかけして
ご迷惑をおかけいたしました。
ご不快の念をおかけいたしまして

**失態を演じて**　　　　　　　　　64
とんだ失態を演じまして
不用意な発言をいたしまして
監督不行き届きのため

**私の力不足で**　　　　　　　　　65
力不足で
失念しておりました。
考えが及ばず

**不注意で**　　　　　　　　　　　66
不注意で
誤解がございまして
心得違いで

**反省しています**　　　　　　　　67
大変反省しております。
恥じ入っております。
猛省しております。
以後、気を付けます。　　　　　　68
自責の念にかられております。

●シーン別さくいん●

痛恨の極みでございます。

**許してください** …………………… 69
お許しください。
ご勘弁願えませんでしょうか。
ご容赦くださいますよう、
　お願い申し上げます。

**二度としません** …………………… 70
二度といたしません。
一層注意してまいります。
肝に銘じます。

**埋め合わせします** ………………… 71
埋め合わせは必ずさせていただきます。
ご指示をお願いいたします。
お詫びにうかがいたく存じます。

**クッションことば【お詫び】** ……… 72

### 回答・説明　……… 74

**お答えします** ……………………… 74
お答えします。
返答いたします。
ご回答させていただきます。
～ということです。 ………………… 75
～となっております。
～次第でございます。
次のようになっています。 ………… 76
～は、以下のとおりです。
以上のような状況ですので

**説明します** ………………………… 77
ご説明いたします。
改めて経緯を述べさせていただきます。
釈明申し上げます。
～は、～によるものでした。 ……… 78
～と判明いたしました。
～があり、～にいたった次第
やむなく～となりました。
～せざるを得ませんでした。 ……… 79
回避できませんでした。
ご存じかと思いますが ……………… 80
ご承知いただいていると存じますが

お聞き及びのこととは存じますが

**割り切れません** …………………… 81
割り切れない気持ちが残ります。
判然としない点もございます。
釈然としないものがあります。

**実を言うと** ………………………… 82
実を申しますと
残念ながら～とは言えません。
思うようにいっていないのが
　実情でございます。

**誤解です** …………………………… 83
誤解が生じているようですので
行き違いがあったかとも思われますので
説明が不十分だったかとも

**クッションことば【回答・説明】** … 84

### 書き出し　……… 40

**初めまして** ………………………… 40
初めてメールを送らせていただきました。
初めてご連絡を差し上げます。
突然、メールを差し上げるご無礼を
　お許しください。

**毎度どうも** ………………………… 41
お世話になっております。
お力添えをいただき、ありがとうございます。
ご愛顧を賜り、ありがとうございます。

**久しぶりです** ……………………… 42
ごぶさたしております。
ご連絡を怠り、申し訳ございません。
ごぶさたしがちにて恐縮に存じます。

**元気ですか** ………………………… 43
お忙しくお過ごしのことと存じます。
ますますご活躍のことと存じます。
ご繁栄のこととお喜び申し上げます。

**確認しました** ……………………… 44
メール、確認いたしました。

251

メールを拝受しました。
お返事が遅くなり、申し訳ございません。

**〜の件です** …………………………………… 45
〜の件でご連絡しました。
〜したく、メールを差し上げました。
先ほどの○○の件ですが

## 確認・問い合わせ …… 142

**教えてください** ………………………… 142
お問い合わせします。
おうかがいいたします。
ご照会申し上げます。
教えていただけますか。 ………………… 143
お聞かせ願いたく存じます。
お知恵を拝借したいのですが

**確認です** ………………………………… 144
確認をお願いします。
〜について把握したく
確認したい点がございます。
念のため確認したいのですが ………… 145
確認のため
今一度確認させていただきたく
〜でよろしいでしょうか。 ……………… 146
〜願えましたでしょうか。
ご確認いただけましたでしょうか。
どのようになっていますか。 …………… 147
いかがでしょうか。
おたずね申し上げます。

**クッションことば【確認・問い合わせ】** … 148

## 感心・称賛 …… 174

**さすがです** ……………………………… 174
感心しました。
お手本にさせていただきます。
感服いたしております。
勉強になりました。 ……………………… 175
感じ入っております。
敬服しております。
頭が上がりません。 ……………………… 176
模範とするところでございます。

感銘を受けました。
〜のおかげで大盛況でした。 ………… 177
〜に驚いていらっしゃいました。
大好評をいただきました。
お力添えのおかげです。 ………………… 178
心強く感じました。
ご一緒できて光栄でございました。

## 決意・反省 …… 166

**がんばります** …………………………… 166
努めてまいります。
努力いたす所存です。
全力をあげて〜に努める所存でございます。
邁進していきます。 ……………………… 167
〜に精励いたします。
一意専心〜に取り組む所存でございます。
決意でおります。 ………………………… 168
覚悟でおります。
〜したく存じます。
一層の努力に努めてまいります。 …… 169
鋭意努力いたします。
繁栄に尽くす所存です。
皆様のご期待に添うよう ………………… 170
ご芳志に報いるため
厚いご信頼に応えるため
手助けになりますよう …………………… 171
歯車となれますよう
貢献できますよう

**二度と起こしません** …………………… 172
気を付けます。
厳重に注意いたします。
万全の注意を払う所存でございます。

**改善します** ……………………………… 173
細心の注意を払ってまいります。
周知徹底をはかります。
改善を行ってまいります。

## 抗議 …… 120

**抗議します** ……………………………… 120
迷惑をこうむっています。
困惑するばかりです。

## シーン別さくいん

弊社の信用にもかかわる事態と
　なっております。
納得できません。 …… 121
承服いたしかねます。
遺憾に存じます。

### 対処してください …… 122
ご配慮をお願いします。
迅速な対処をお願い申し上げます。
しかるべき対策を申し入れる次第です。
〜するのが筋かと思います。 …… 123
〜されるのが適切な措置かと存じます。
〜するのが最良の方途かと存じます。

### 注意してください …… 124
注意してください。
十分な注意を喚起する次第です。
ご忠告申し上げる次第です。

### 訴えます …… 125
最悪の場合は
期日までにご返答のない場合には
今後の推移次第では
何らかの措置をとりたいと思います。 …… 126
しかるべき処置をとらせていただきます。
お取引停止の選択肢も考えざるを
　得ないと存じます。
法律上の手続きをとる所存でございます。 …… 127
法的措置に訴える所存です。
しかるべく対処する覚悟でございます。

### クッションことば【抗議】 …… 128

### 催促

### どうしましたか …… 110
その後いかがでしょうか。
どのような状況かお聞かせ願えますか。
いかがなりましたでしょうか。
何らご連絡がございませんが …… 111
いまだ〜のお返事に接しませんが
その後、ご連絡がないままに

### 困っています …… 112
困っております。

不都合をきたしかねません。
どうしたものかと苦慮しております。
現状をお知らせください。 …… 113
見通しが立たず、困惑しています。
支障をきたしかねません。

### 返事を待っています …… 114
すぐにご連絡ください。
迅速なご対応をお願い申し上げます。
至急ご一報いただけますよう
至急ご回答願います。 …… 115
誠意ある対応お願い申し上げる次第です。
確実なところのお返事を

### 期日が過ぎました …… 116
締め切り日を過ぎましたが
お約束の期日にいたりましても
いかがされたものかと案じております。
至急、〜にてご連絡ください。 …… 117
現在まだ〜をいただいておりません。
すでにお約束の期限は過ぎております。
何かの手違いかとも思いますが …… 118
ご事情はお察ししますが
ご多忙のためのご失念かと存じますが

### 採用・不採用 …… 192

### 選考の結果 …… 192
厳正な選考の結果
慎重に検討しました結果
慎重に選考を重ねましたところ

### 採用します …… 193
採用を内定しました。
採用させていただくことになりました。
ご通知申し上げます。

### 不採用です …… 194
採用を見合わせていただくことに
ご希望にお応えすることが
　できませんでした。
貴意に添いかねる結果となりました。

### 残念です …… 195
ご期待に添えず申し訳ありません。

253

あしからずご理解のほど
何とぞご了承くださいますよう

### 送付・受領 …… 150

**送りました** …… 150
お送りしました。
発送いたしました。
送付させていただきました。
送付いたしましたので …… 151
　到着まで少々お待ちください。
ご検収くださいませ。
ご査収くださいませ。
お受け取りください。 …… 152
ご領収くださいませ。
謹呈いたします。
ご笑納ください。 …… 153
お納めください。
ご受納くださいませ。
目を通してください。 …… 154
お目通しいただけますか。
ご参照いただければ幸いです。
ご覧ください。 …… 155
ご一読いただけますか。
ご高覧くださいますようお願い申し上げます。

**受け取りました** …… 156
届きました。
到着いたしました。
着荷いたしました。
受け取りました。 …… 157
拝受しました。
拝領しました。
〜をいただきました。 …… 158
受領しました。
頂戴いたしました。

### 退職・転職 …… 202

**退職・転職しました** …… 202
退社することになりました。
〜を円満退職し〜に入社いたしました。
退職いたしました。
在職中はお世話になりました。 …… 203
今後についてはまだ考えておりませんが

これまでの経験を生かし

### 独立・開業 …… 204

**独立・開業しました** …… 204
かねてからの念願がかない
開店することになりました。
開業の運びと相なりました。
精一杯努力してまいります。 …… 205
前職で培った経験が宝です
喜びとともに身が引き締まる思いです。

### 閉店・廃業 …… 206

**閉店・廃業しました** …… 206
事務所を閉じることになりました。
閉店させていただきます。
廃業することと相なりました。
都合により …… 207
経営合理化に伴う統廃合のため
各般の事情により

### 結び …… 220

**よろしくお願いします** …… 220
よろしくお願いします。
何とぞよろしくお願い申し上げます。
ご指導、ご鞭撻を賜りますよう
　お願い申し上げます。
お力添えのほど、よろしくお願いします。 …… 221
楽しみにしております。
お引き立てのほどよろしくお願い申し上げます。

**まずはご連絡まで** …… 222
以上、ご報告まで。
まずはお知らせまで。
この段、〜かたがた〜を申し上げます。
取り急ぎメールにて …… 223
メールにて恐縮ですが
略儀ながらメールにて

**返事をください** …… 224
ご返信をお願いいたします。
折り返しご連絡いただけますよう
ご返答いただけますと幸いです。

●シーン別さくいん●

ご検討のほど、お願いいたします。……… 225
ご回答いただければ助かります。
ご一報いただきたく存じます。

**お体大切に** …………………………… 226
よい週末をお過ごしください。
お体に気を付けてお過ごしください。
くれぐれもご自愛ください。

### 了解 …… 100

**わかりました** ………………………… 100
〜の件、わかりました。
〜につきましては、納得いたしました。
〜の件、かしこまりました。
了解しました。 ………………………… 101
承知いたしました。
確かに承りました。
了承しました。 ………………………… 102
承諾いたしました。
今回限りということでお受けいたします。

**了解しました** ………………………… 103
大丈夫です。
そのまま進めていただけたら
結構でございます。

**やります** ……………………………… 104
お役に立てればうれしいです。
私でよろしければ
お力になれれば光栄と存じます。
喜んで〜させていただきます。 ……… 105
ご期待に添えれば幸いです。
謹んでお受けいたします。
お引き受けします。 …………………… 106
お受けしたいと存じます。
受託いたしました。
おやすいご用です。 …………………… 107
快くお受けいたします。
おまかせください。

**満足です** ……………………………… 108
問題ありません。
支障ございません。
申し分ございませんでした。

### 社内メール

**お疲れ様です** ………………………… 210
お疲れ様です。
おはようございます。
お忙しいところ失礼いたします。

**お世話になりました** ………………… 211
お世話になりました。
助かりました。
ごちそうさまでした。
貴重なアドバイスをいただき ………… 212
ご忠告のメールをいただき
〜についてご教示いただき

**やります** ……………………………… 213
やらせてください。
やらせていただきます。
安心してお任せください。

**わかりません** ………………………… 214
わかりかねます。
存じておりません。
初めてうかがったように思います。

**がんばりました** ……………………… 215
いい経験になったと思います。
感心しています。
任せて正解でした。

**報告します** …………………………… 216
〜についてご報告いたします。
報告が2つあります。以下のとおりです。
報告書を添付します

**相談したいです** ……………………… 217
お時間をいただけますか。
お考えをうかがいたいと存じます。
折り入ってご相談がございます。

**お知らせです** ………………………… 218
〜のご案内
〜のお知らせ
〜について決定いたしました。(通達)

255

いさんく

■著者
## 株式会社クレスコパートナーズ

(内藤京子、若林郁代、栗原道子)
平成21年10月1日設立。
クライアントが抱える人材マネージメントの課題に対し、教育研修、コンサルティング、調査、ツール作成など、多彩なソリューションサービスを提供する。
http://www.cresco-partners.co.jp/

■本文イラスト／上田惣子
■本文デザイン／鷹觜麻衣子
■ DTP ／ニシ工芸株式会社
■校正／株式会社鴎来堂
■編集協力／株式会社童夢
■編集担当／田丸智子（ナツメ出版企画株式会社）

ナツメ社Webサイト
http://www.natsume.co.jp
書籍の最新情報（正誤情報を含む）は
ナツメ社Webサイトをご覧ください。

相手に伝わるビジネスメール「正しい」表現辞典
2014年5月1日　初版発行

| | | |
|---|---|---|
| 著　者 | 株式会社クレスコパートナーズ | ©CRESCO Partners Inc, 2014 |
| 発行者 | 田村正隆 | |
| 発行所 | 株式会社ナツメ社 | |
| | 東京都千代田区神田神保町1-52 ナツメ社ビル1F(〒101-0051) | |
| | 電話　03(3291)1257(代表)　　FAX　03(3291)5761 | |
| | 振替　00130-1-58661 | |
| 制　作 | ナツメ出版企画株式会社 | |
| | 東京都千代田区神田神保町1-52 ナツメ社ビル3F(〒101-0051) | |
| | 電話　03(3295)3921(代表) | |
| 印刷所 | 株式会社リーブルテック | |

ISBN978-4-8163-5609-4　　　　　　　　　　　　　Printed in Japan
〈定価はカバーに表示してあります〉
〈落丁・乱丁本はお取り替えします〉